THE GRAFFITI

ALPHABET STICKER BOOK

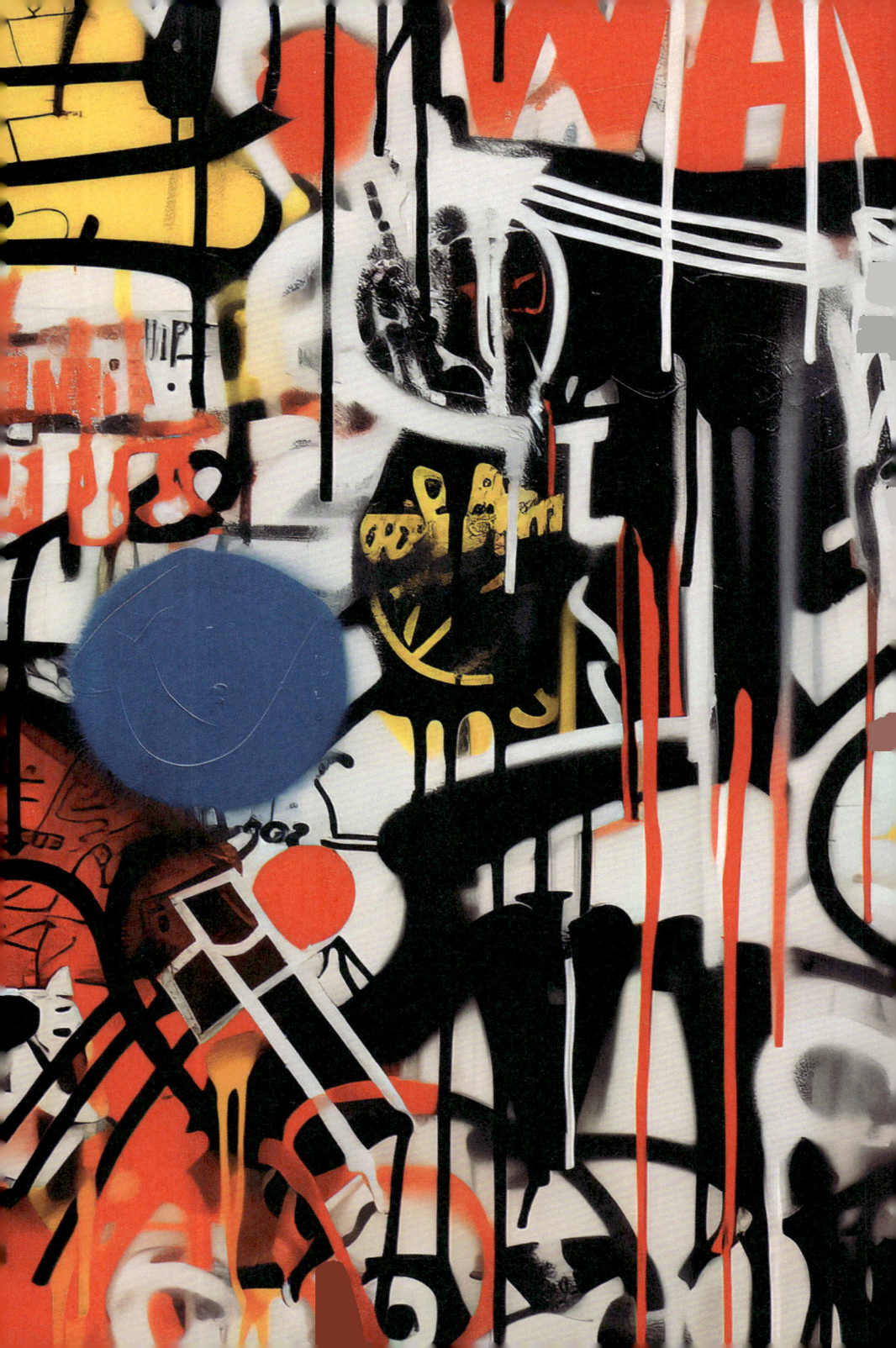

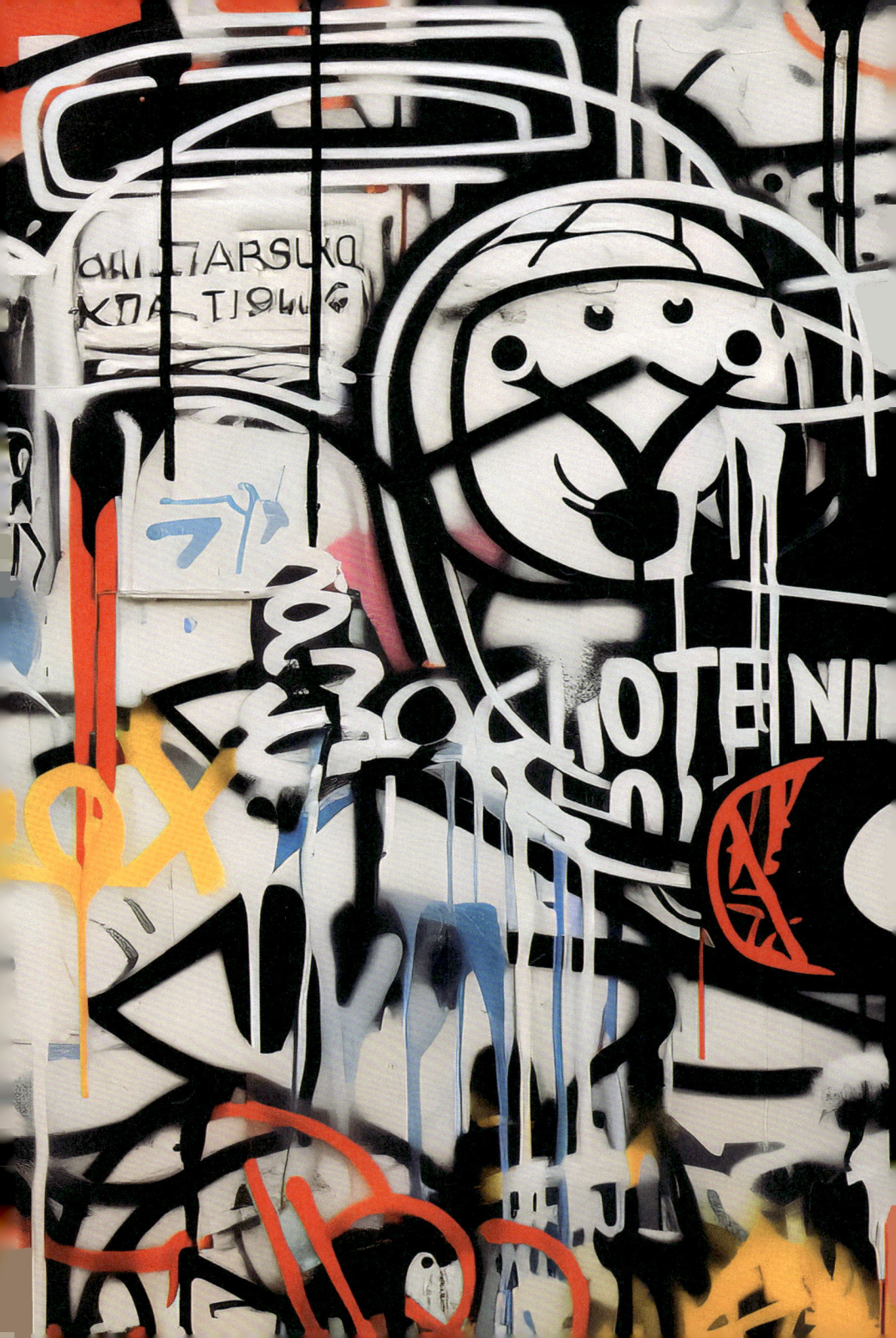

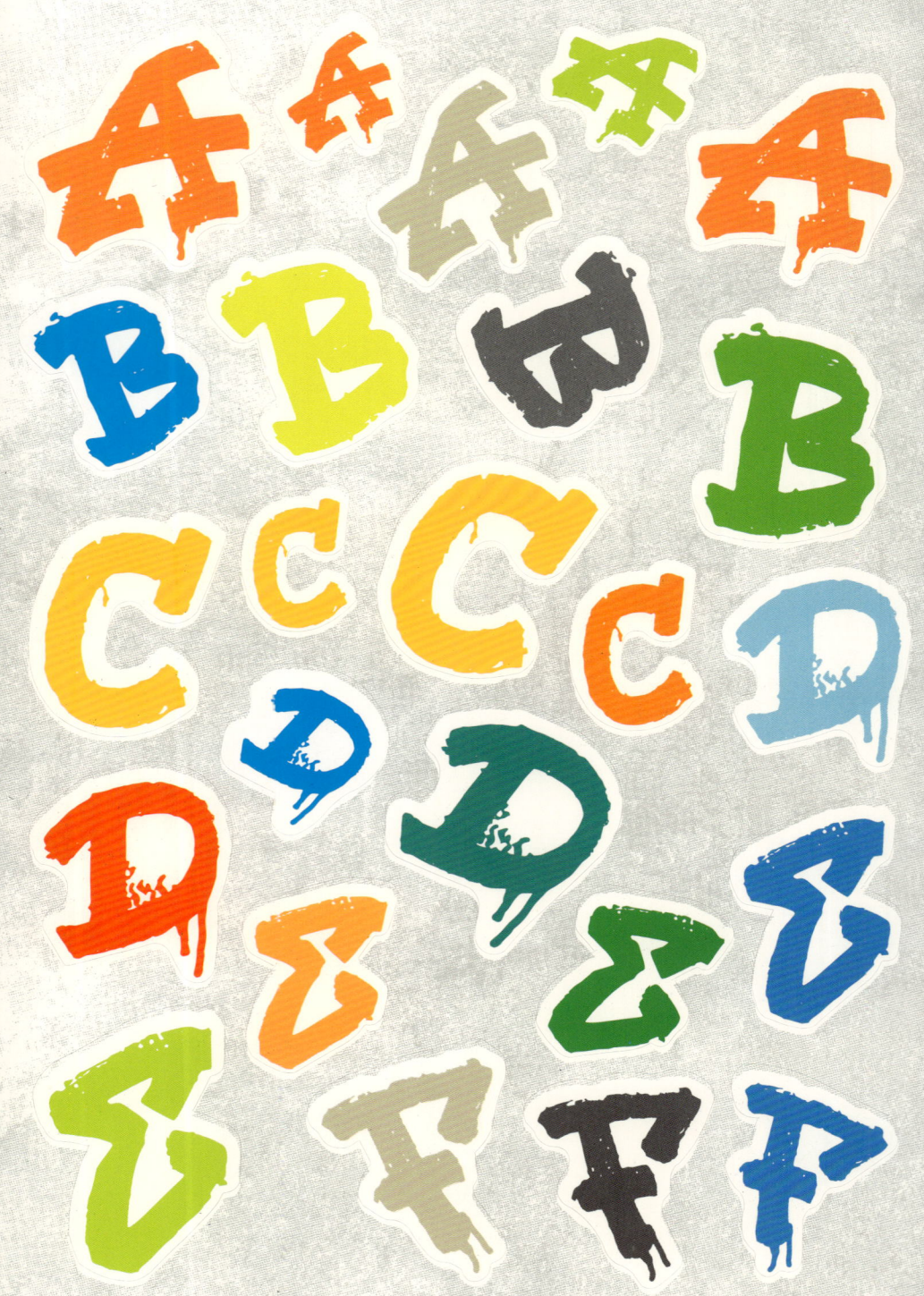

G G G G

H H H I H

I I I J J

K K K L J

L M M L

L V M M

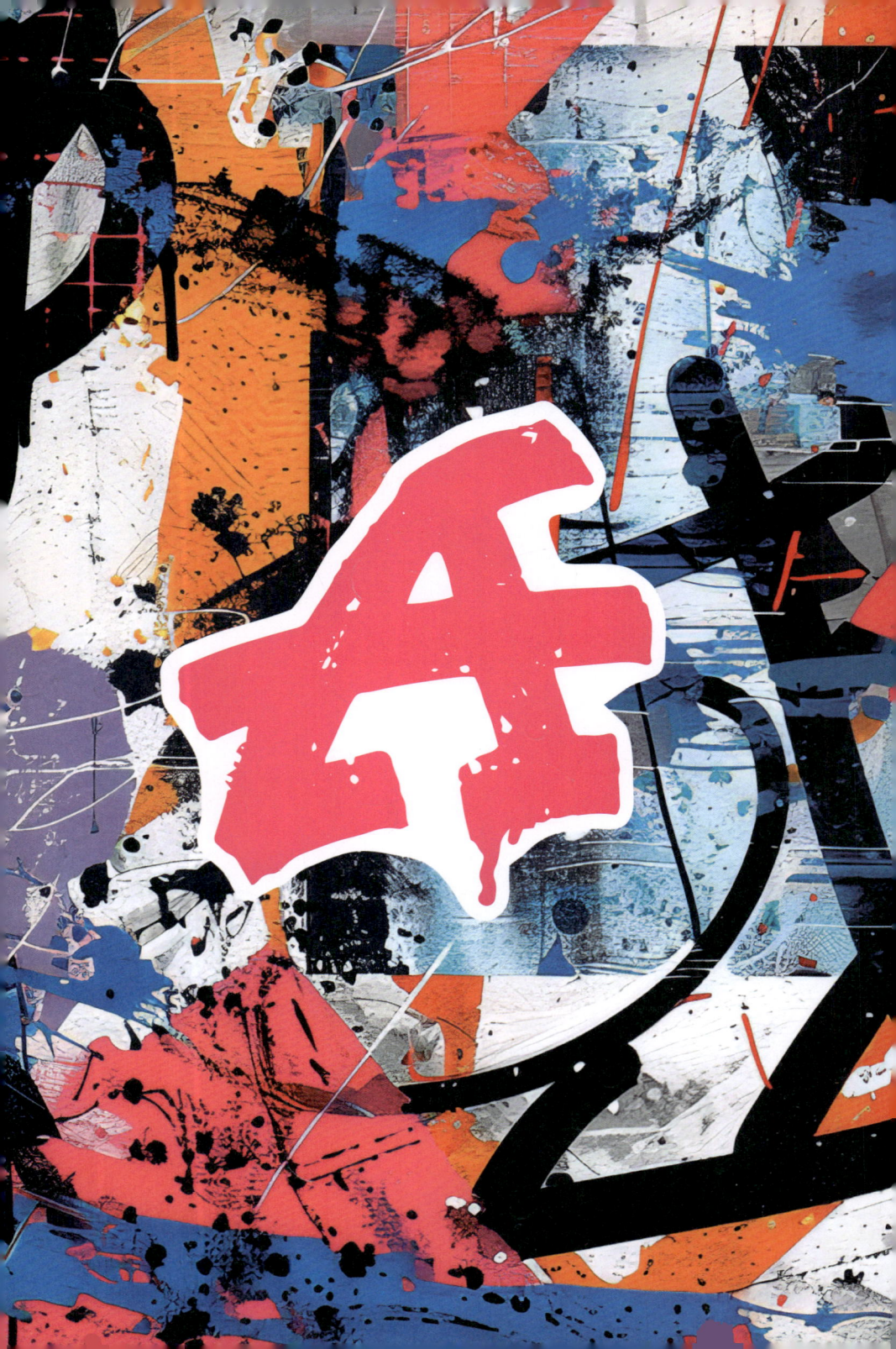

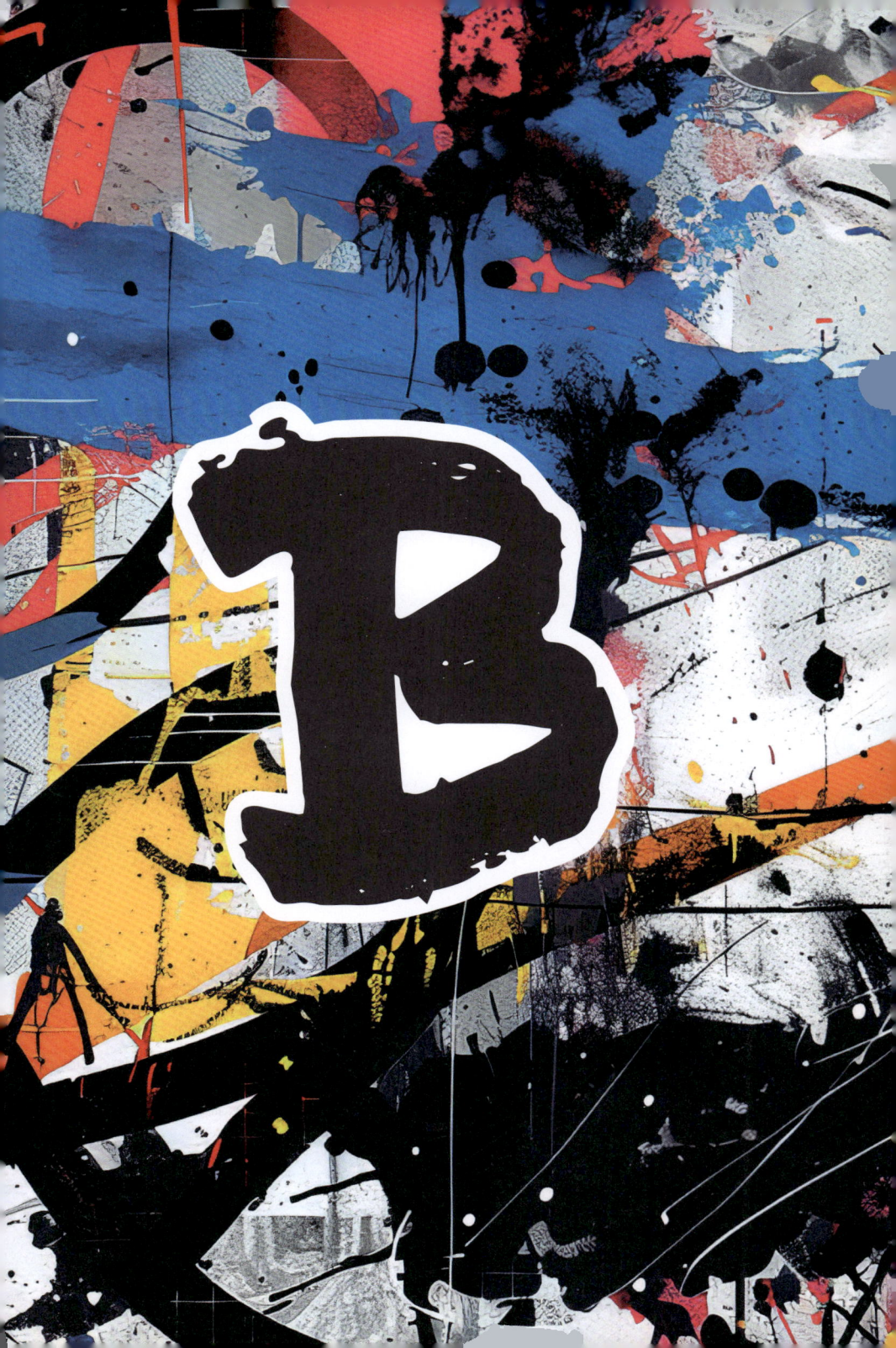

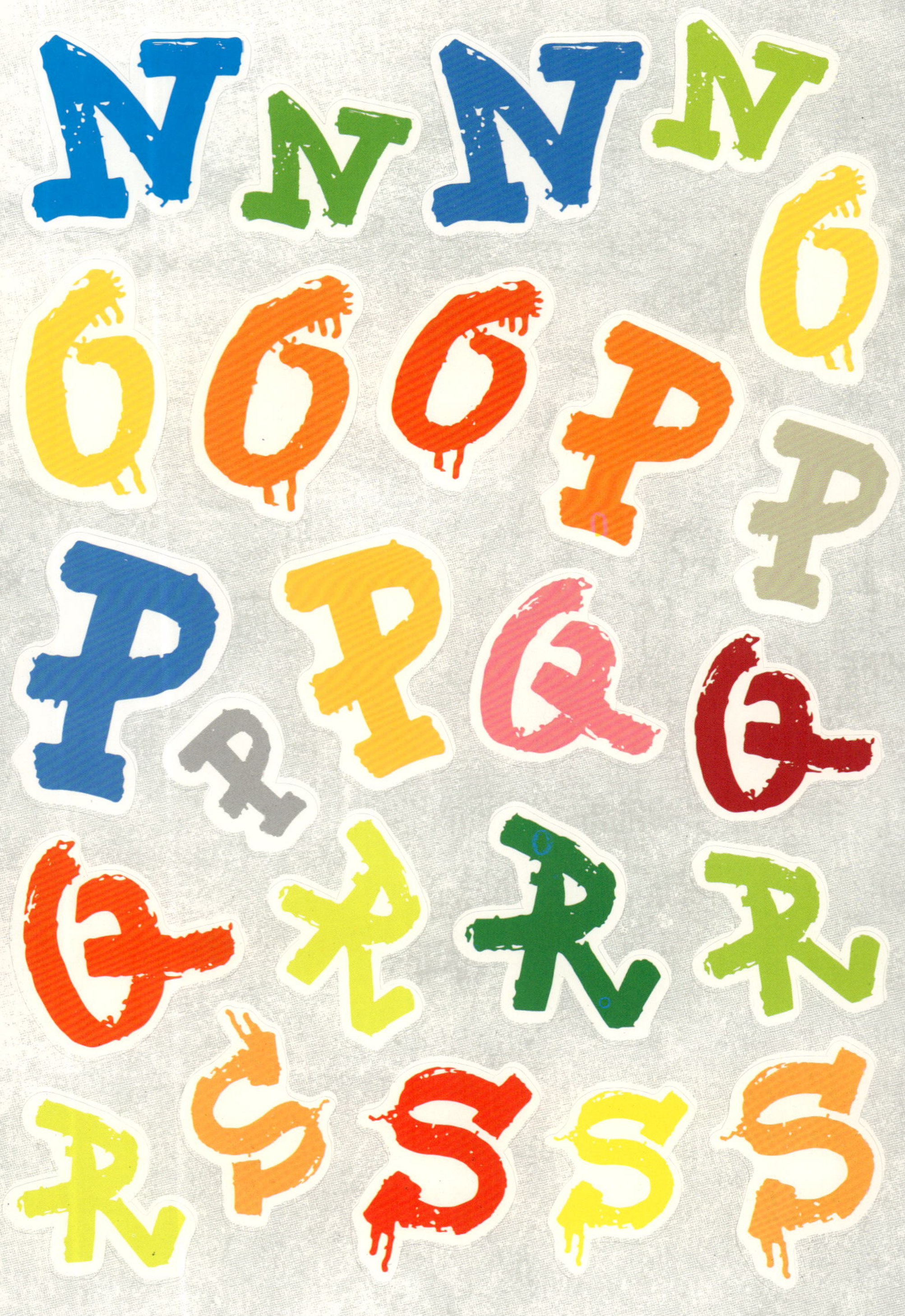

N N N N N

O O O O O

P P P

P P Q Q

Q R R R

R S S S S

T T T T
U U U U U
V V W W
W W W X
Y Z Z Z
Y Y Z Z

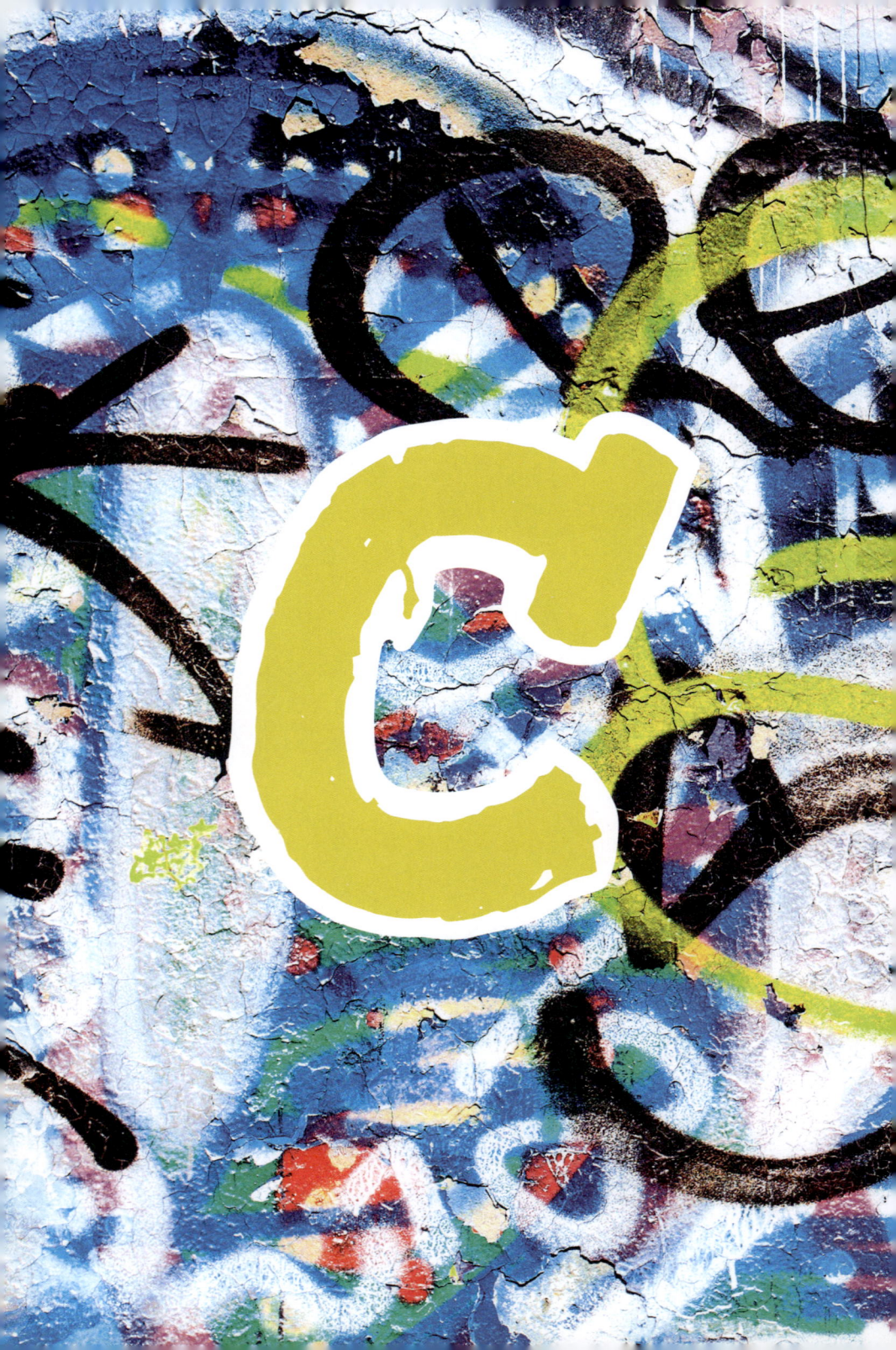

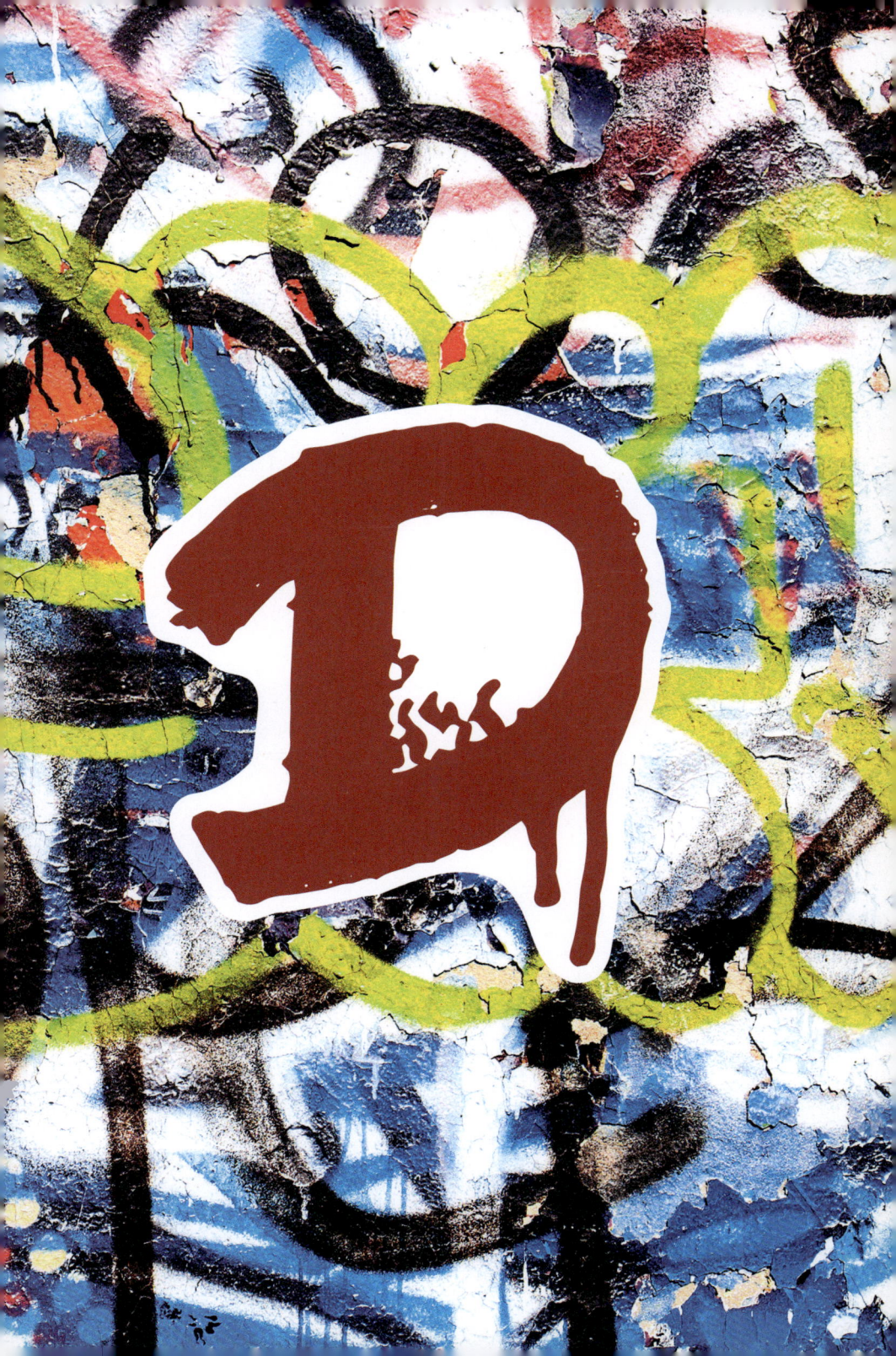

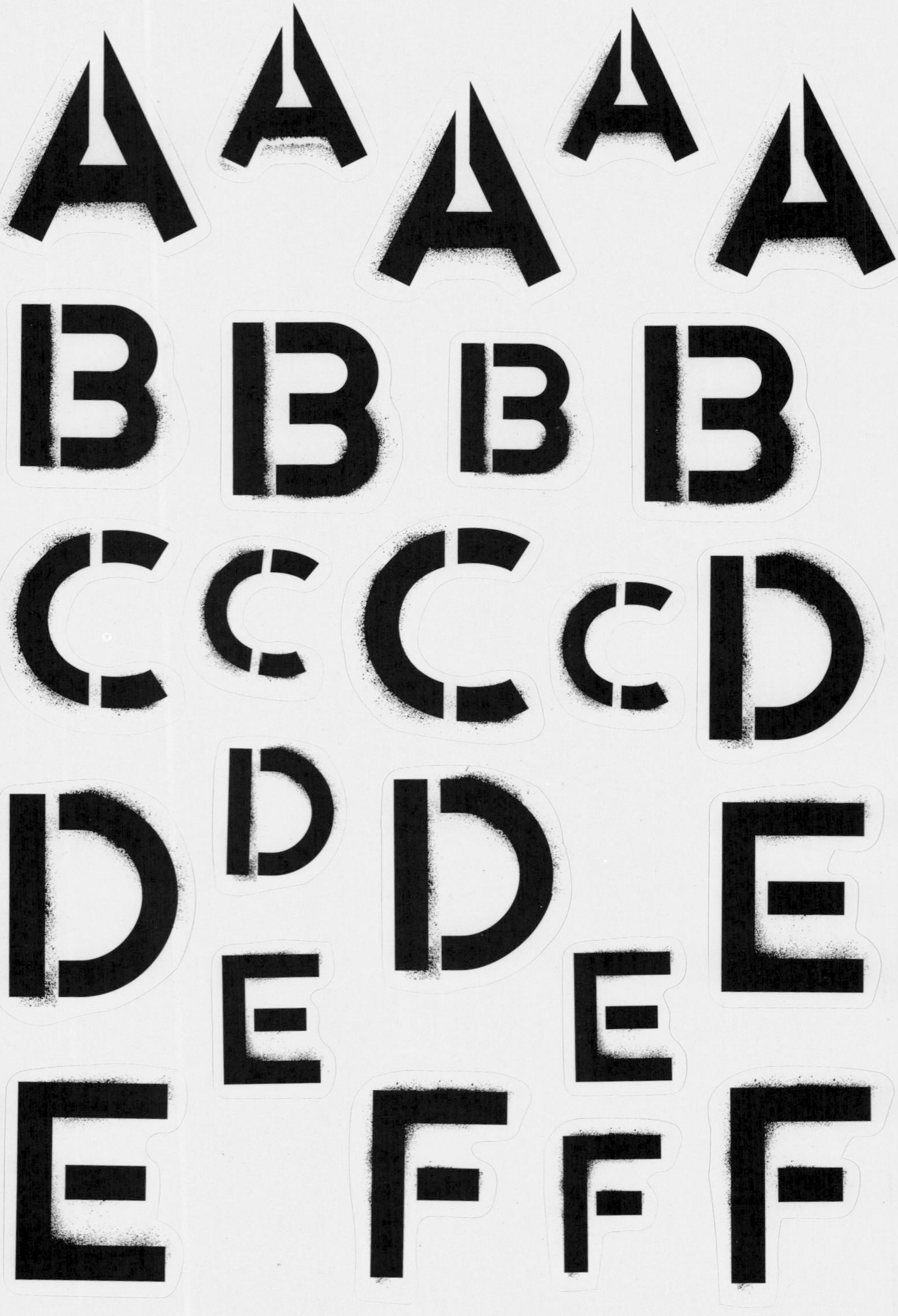

A A A A A
B B B B
C C C C D
D D D E
E E
E F F F

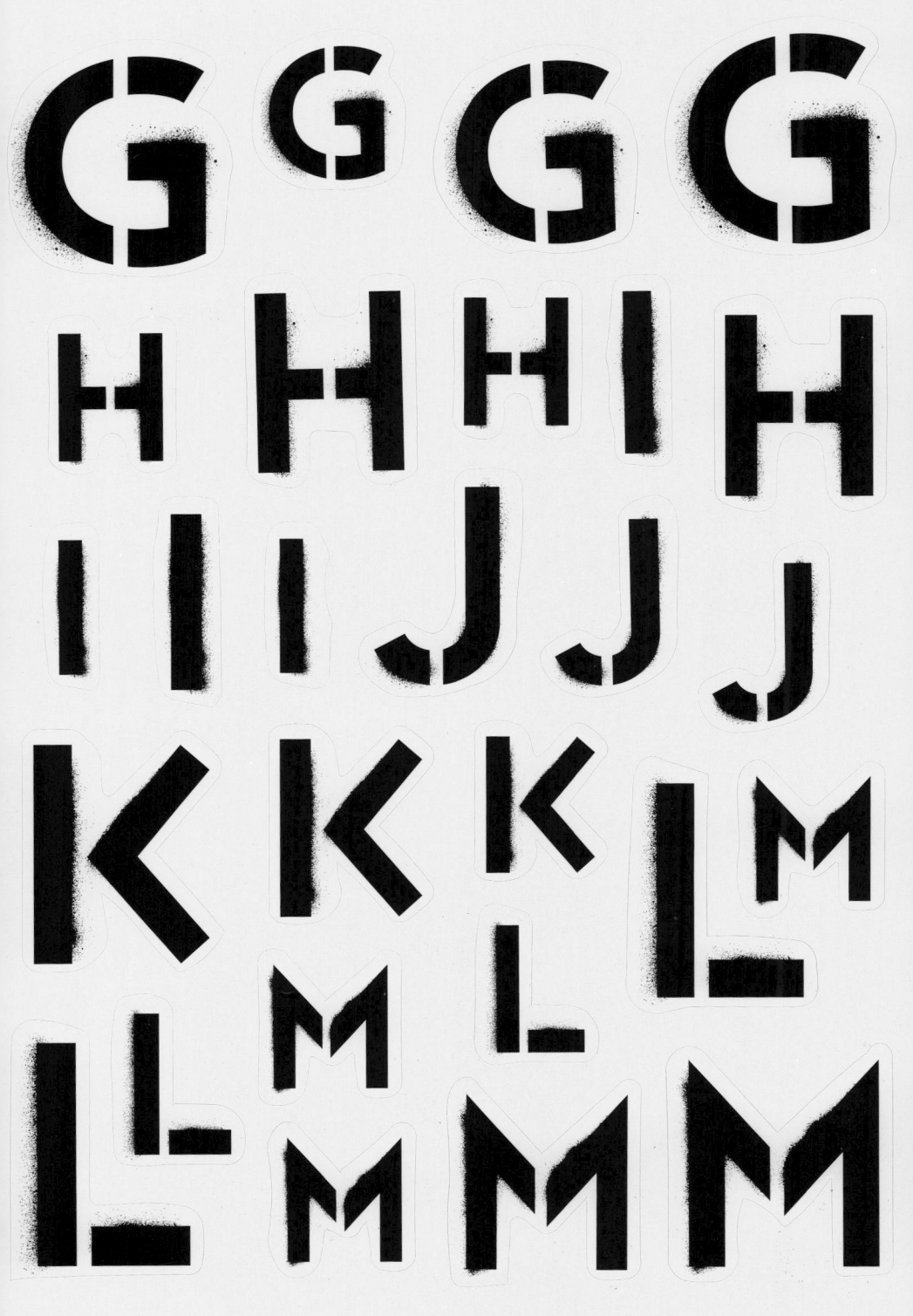

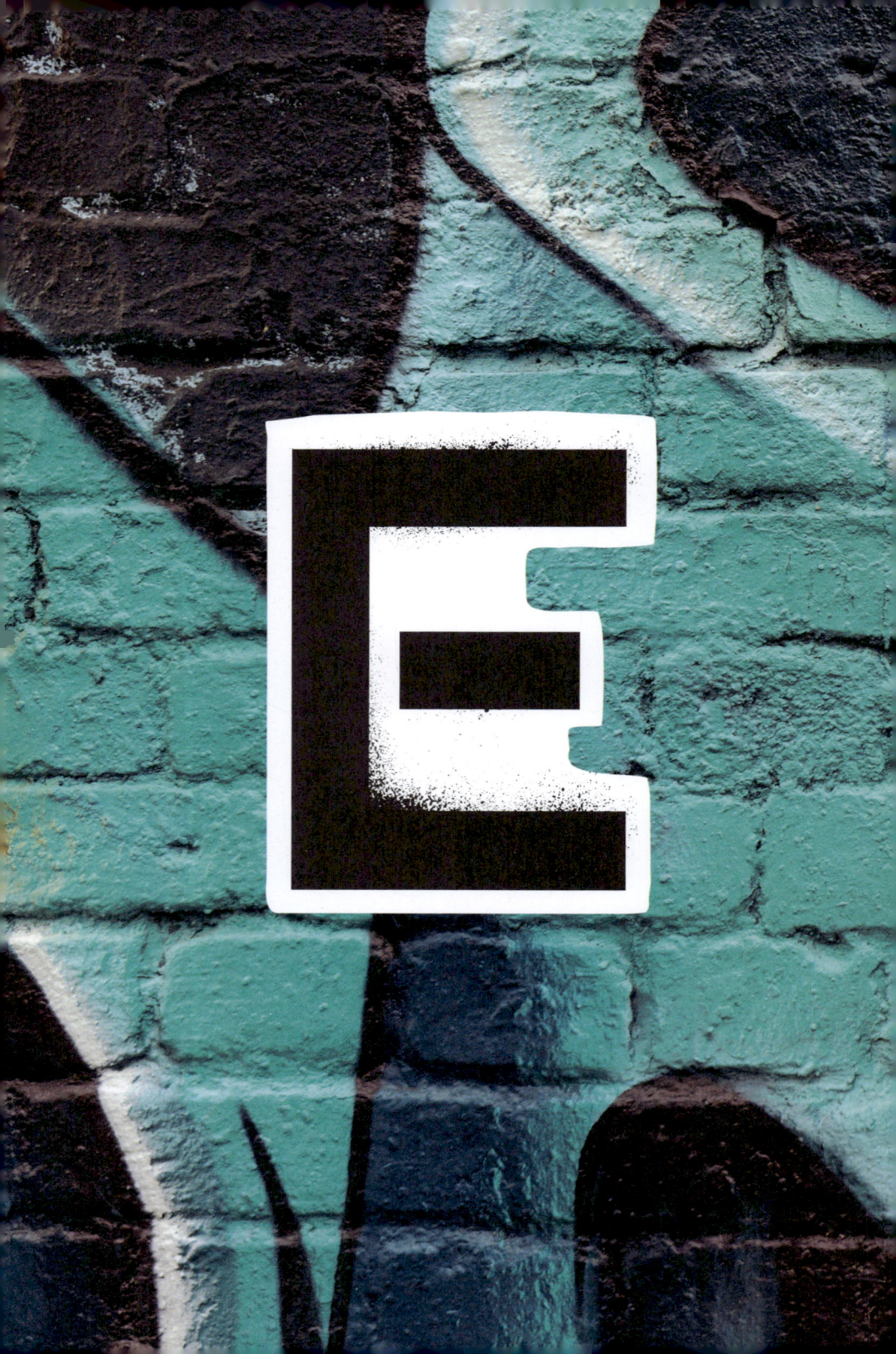

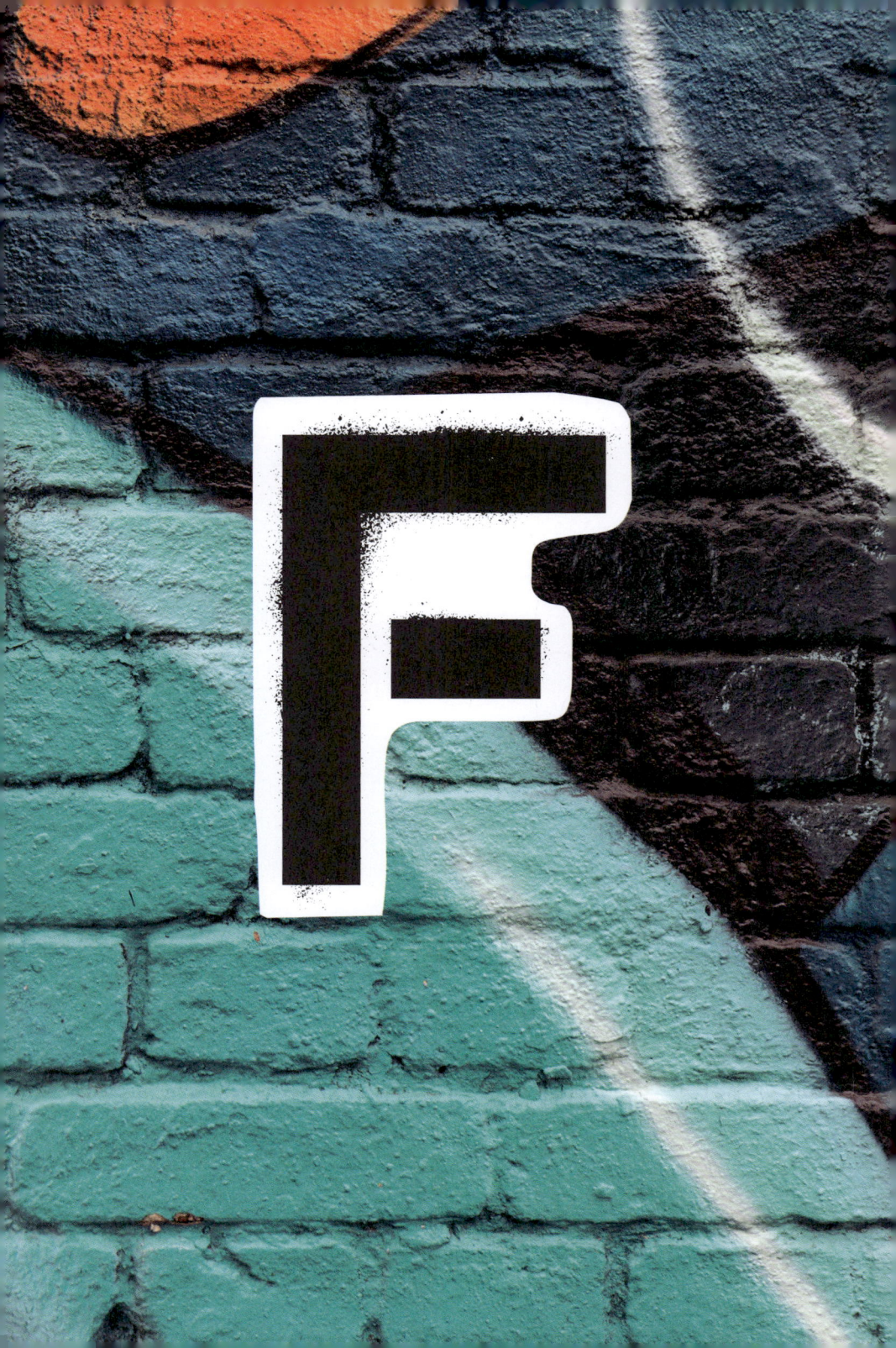

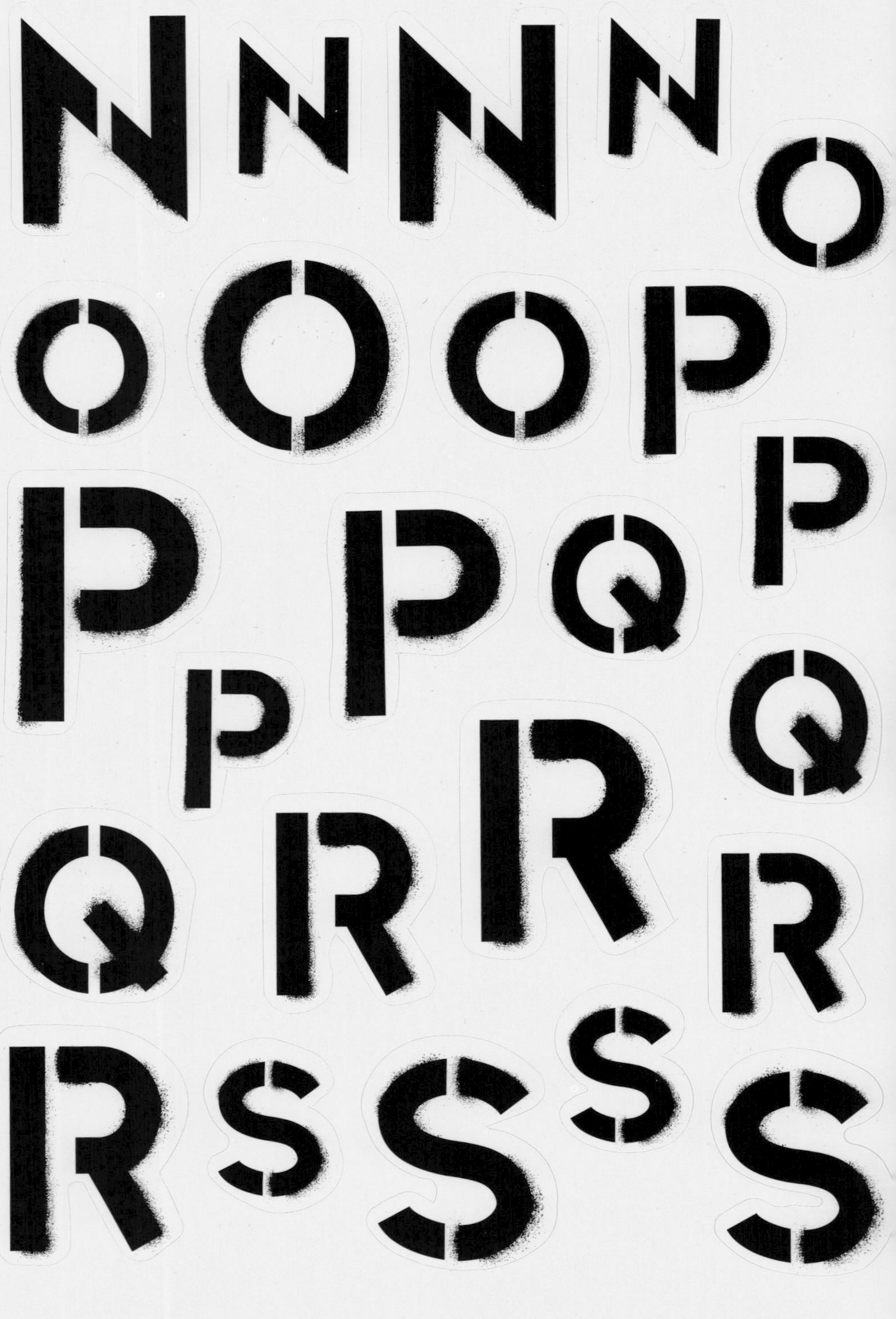

N N N N N
O
O O O P
P
P P Q P
P
Q R R R P
Q
R R S S S

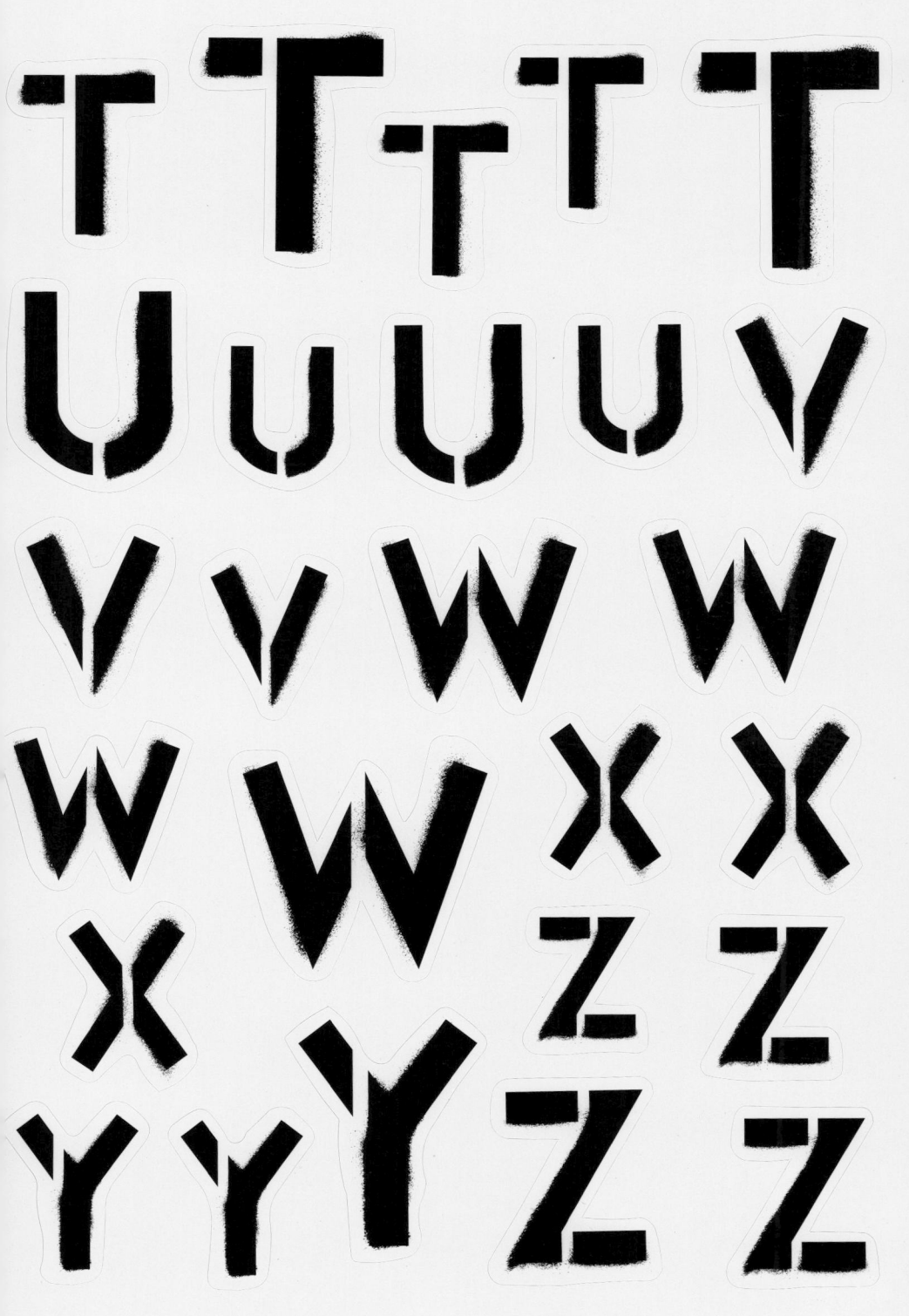

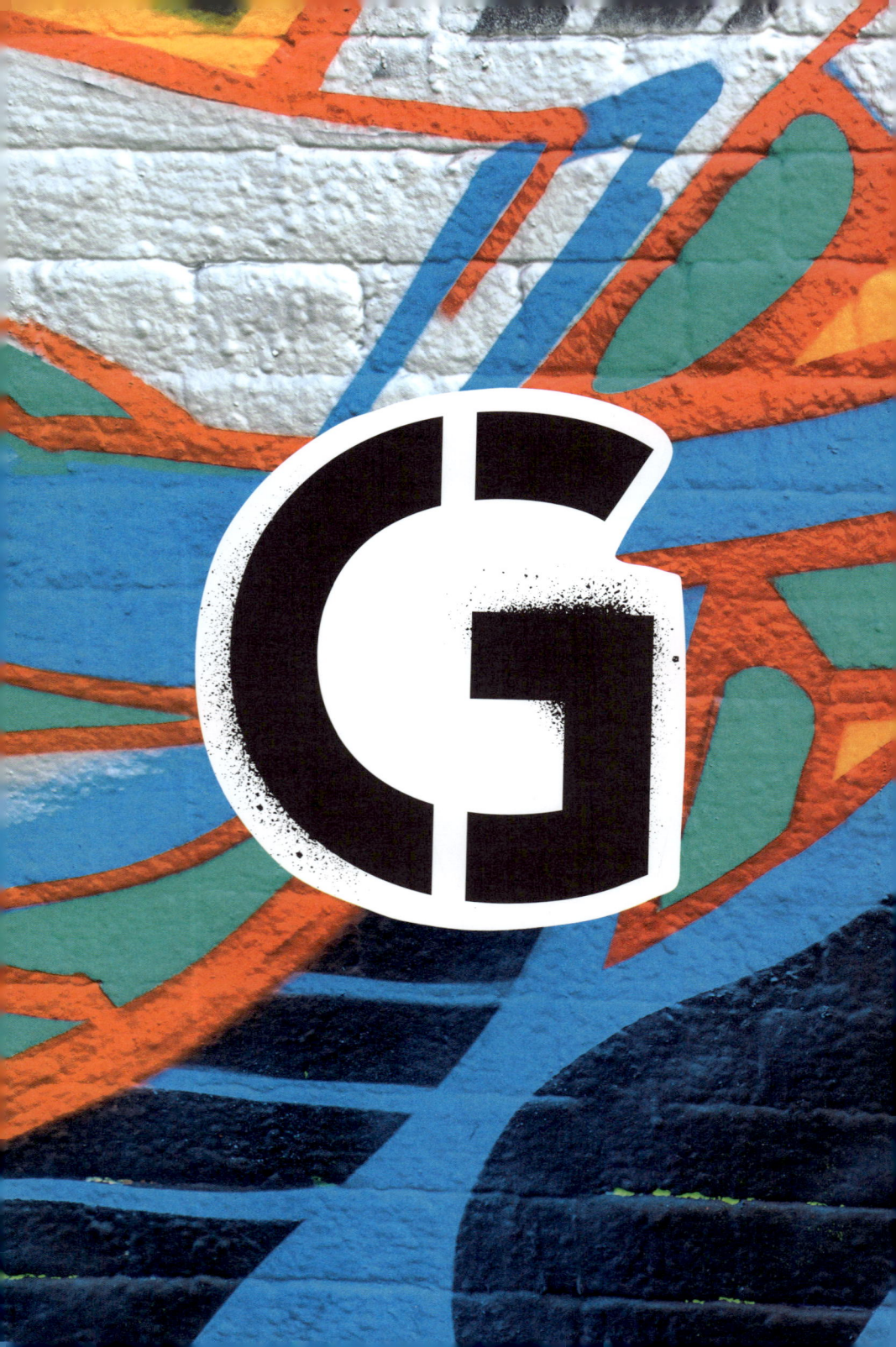

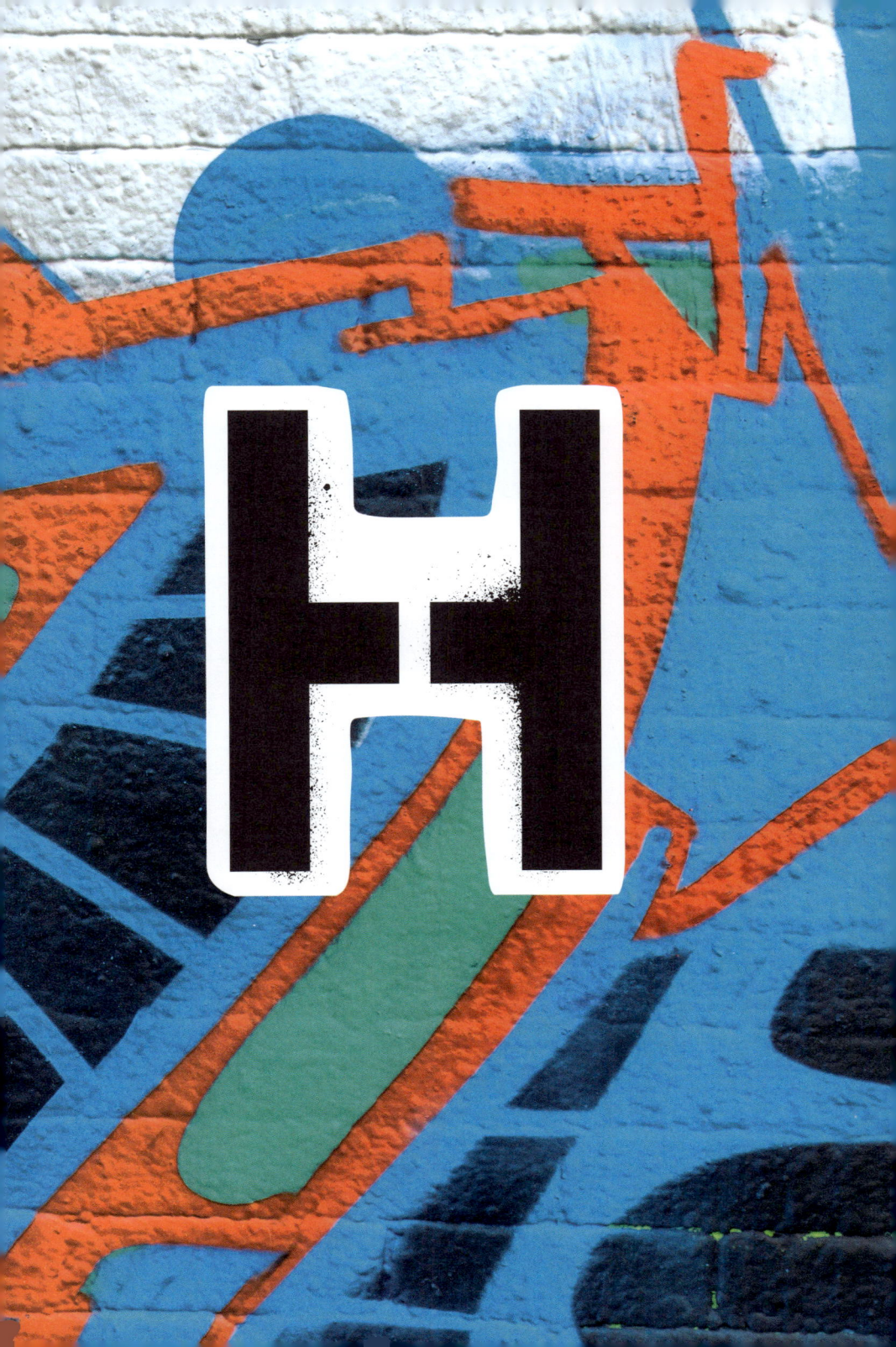

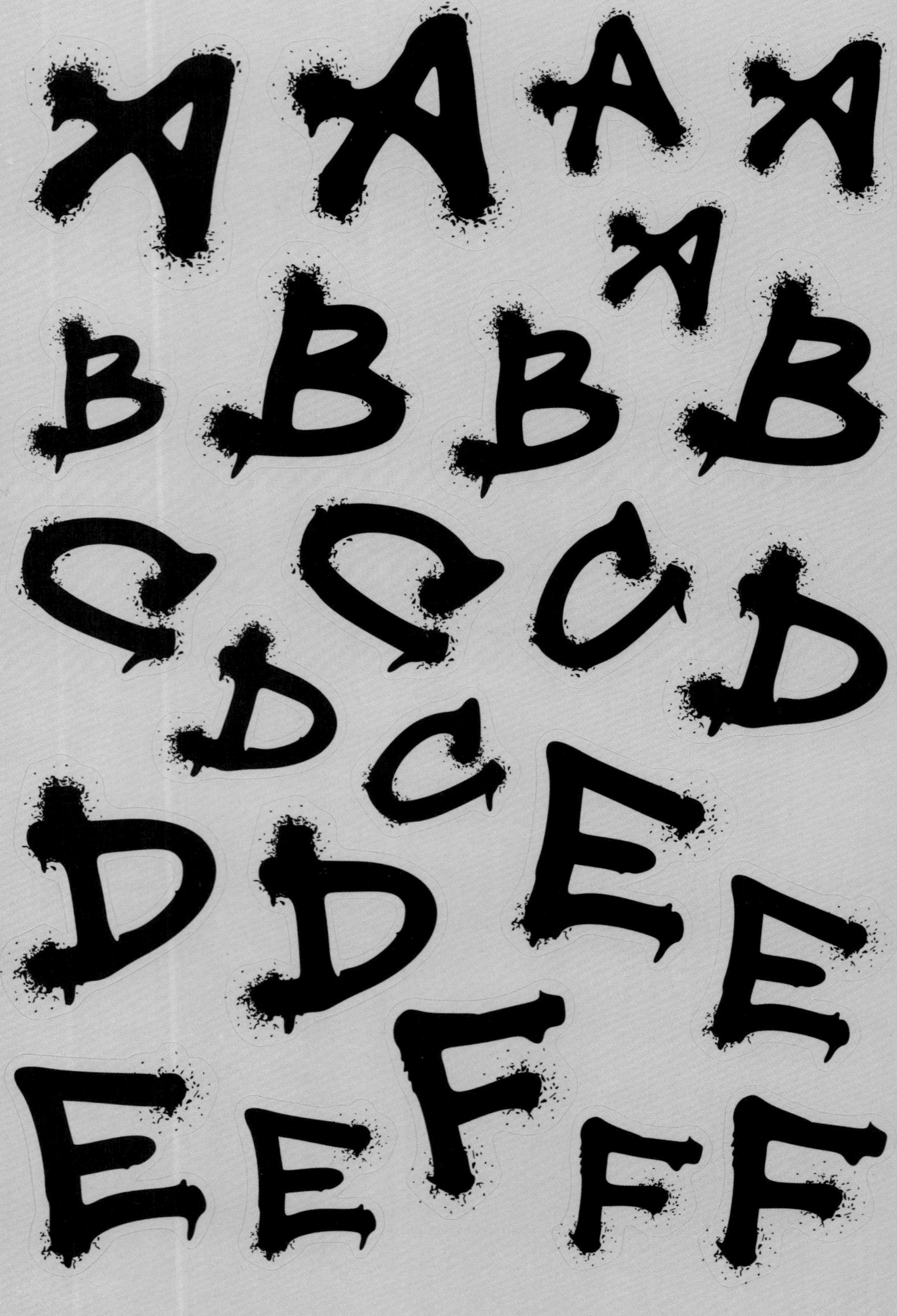
A A A A
A
B B B B
C C C D
D C
D D E E
F
E E F F

G G G G

H H H H

I I J S S

K K K L L

L L M M M

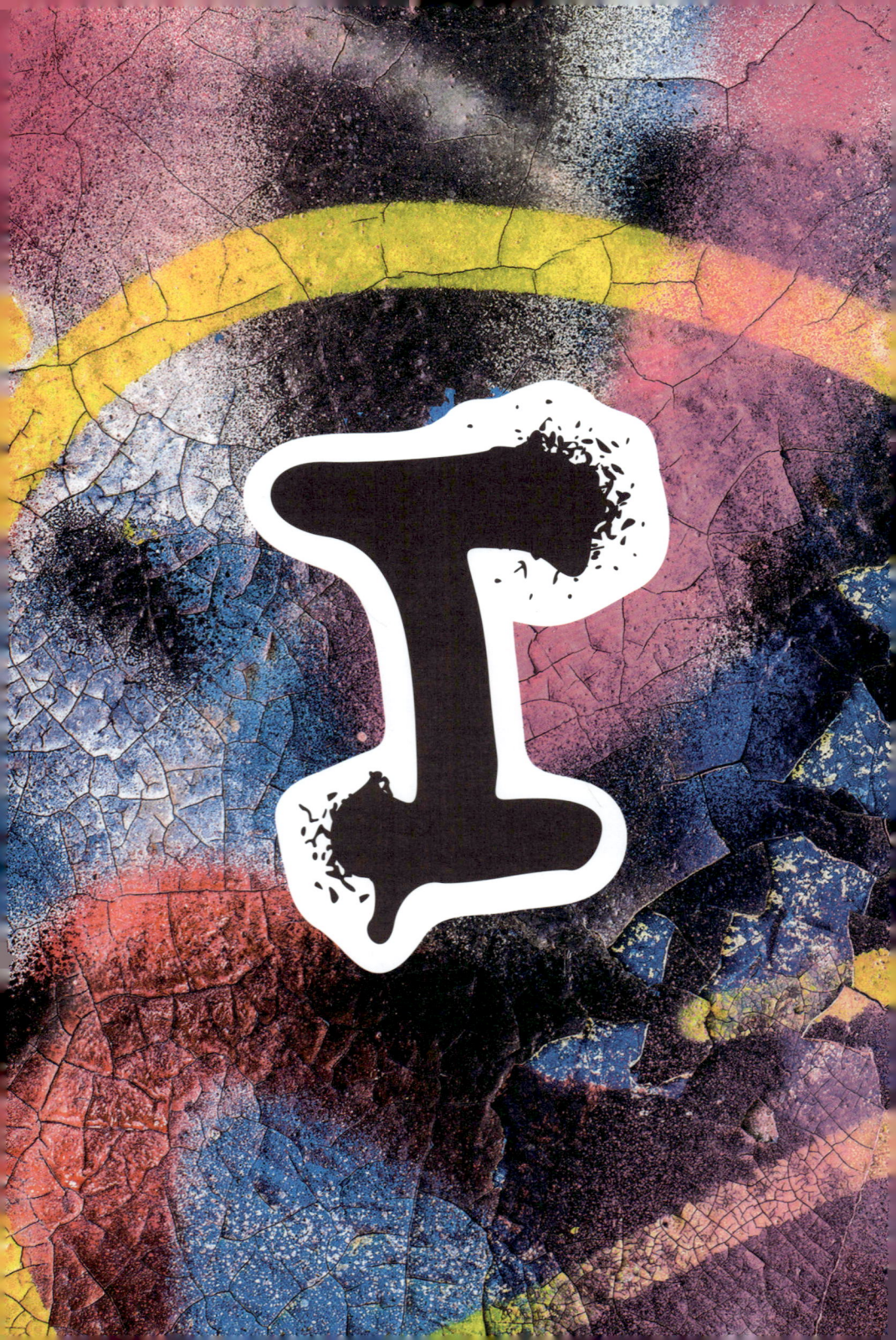

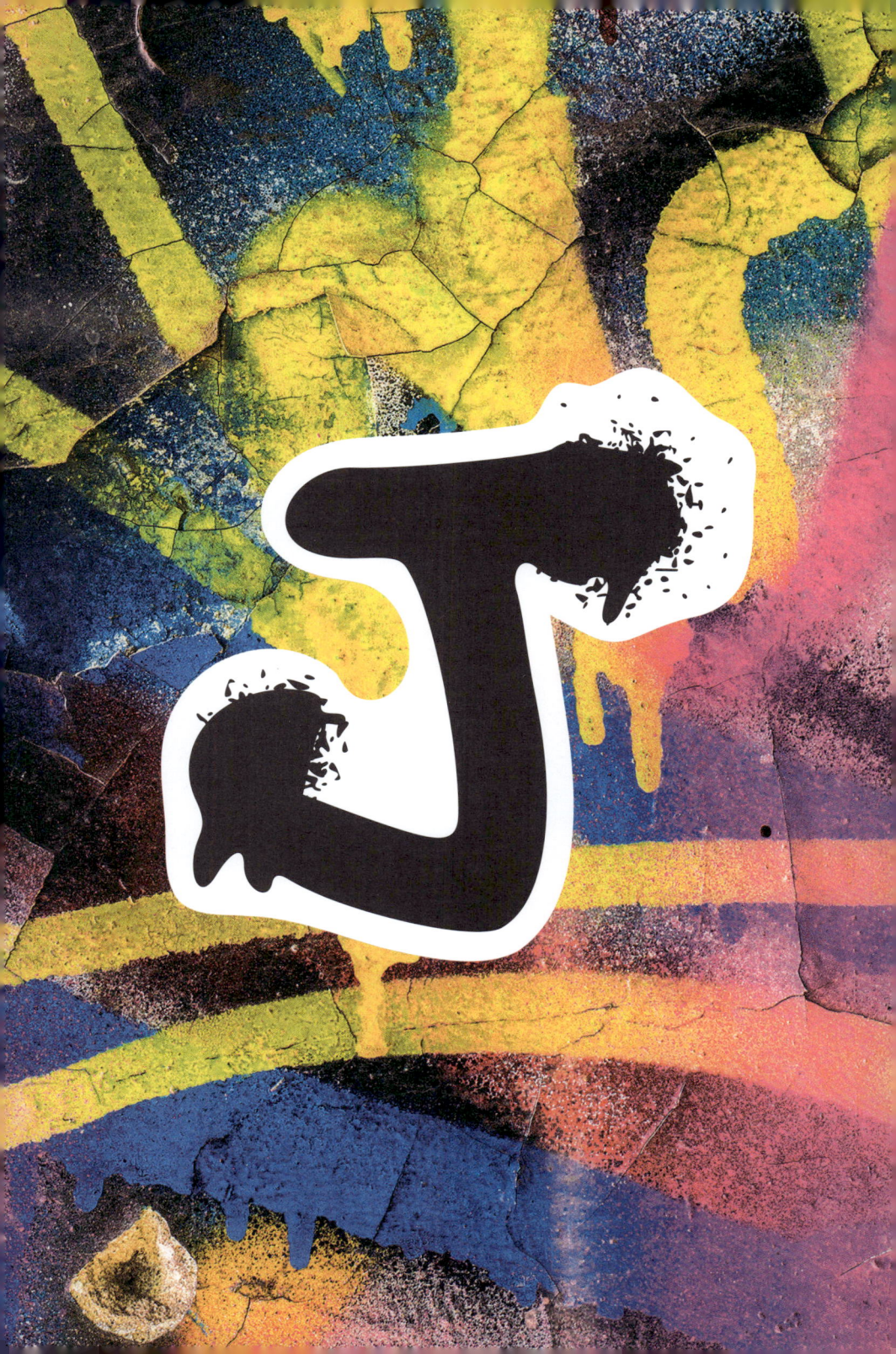

N N N N O
O O O P
Q
A A Q
Q R R
Q R R S
R S S S

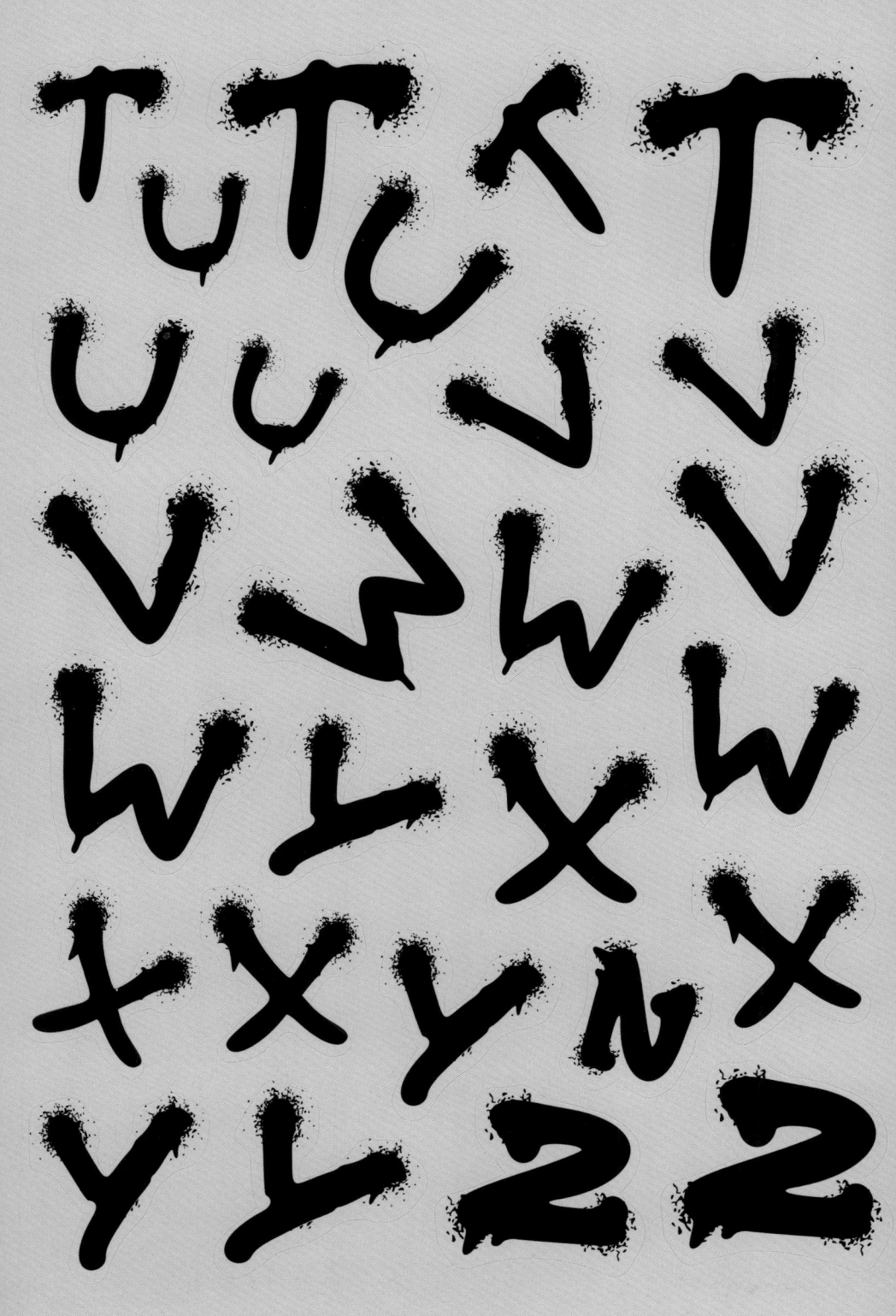

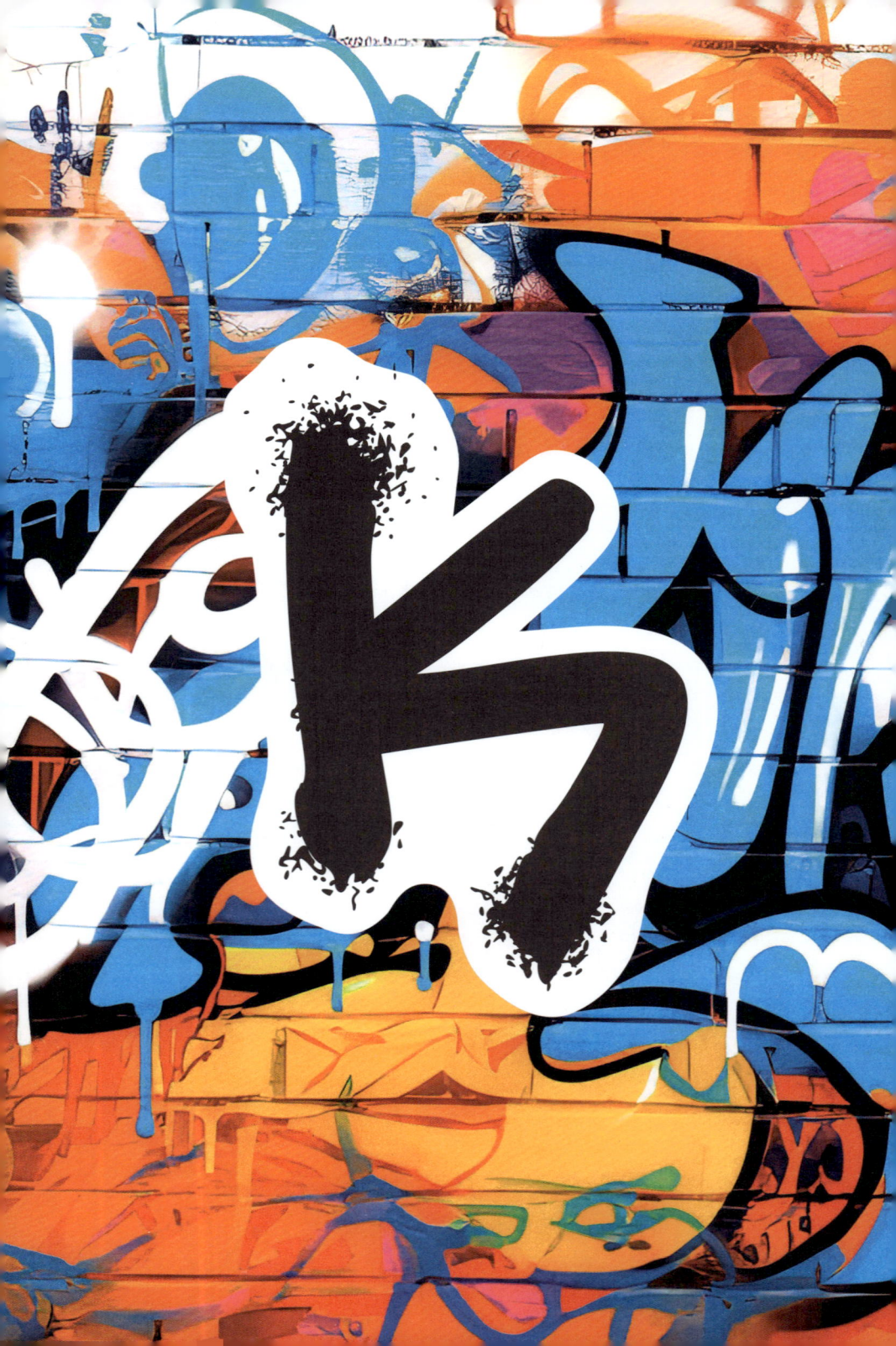

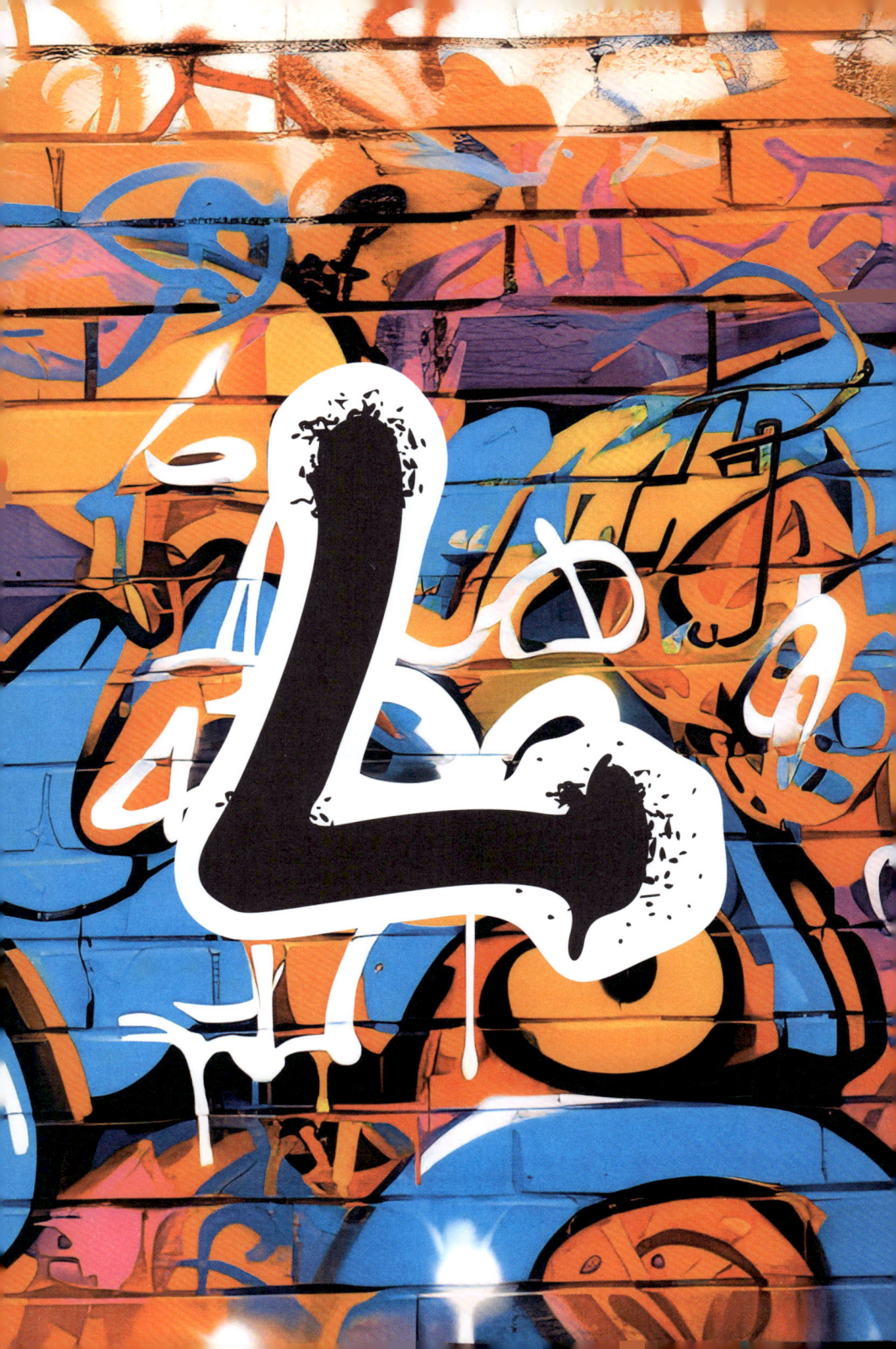

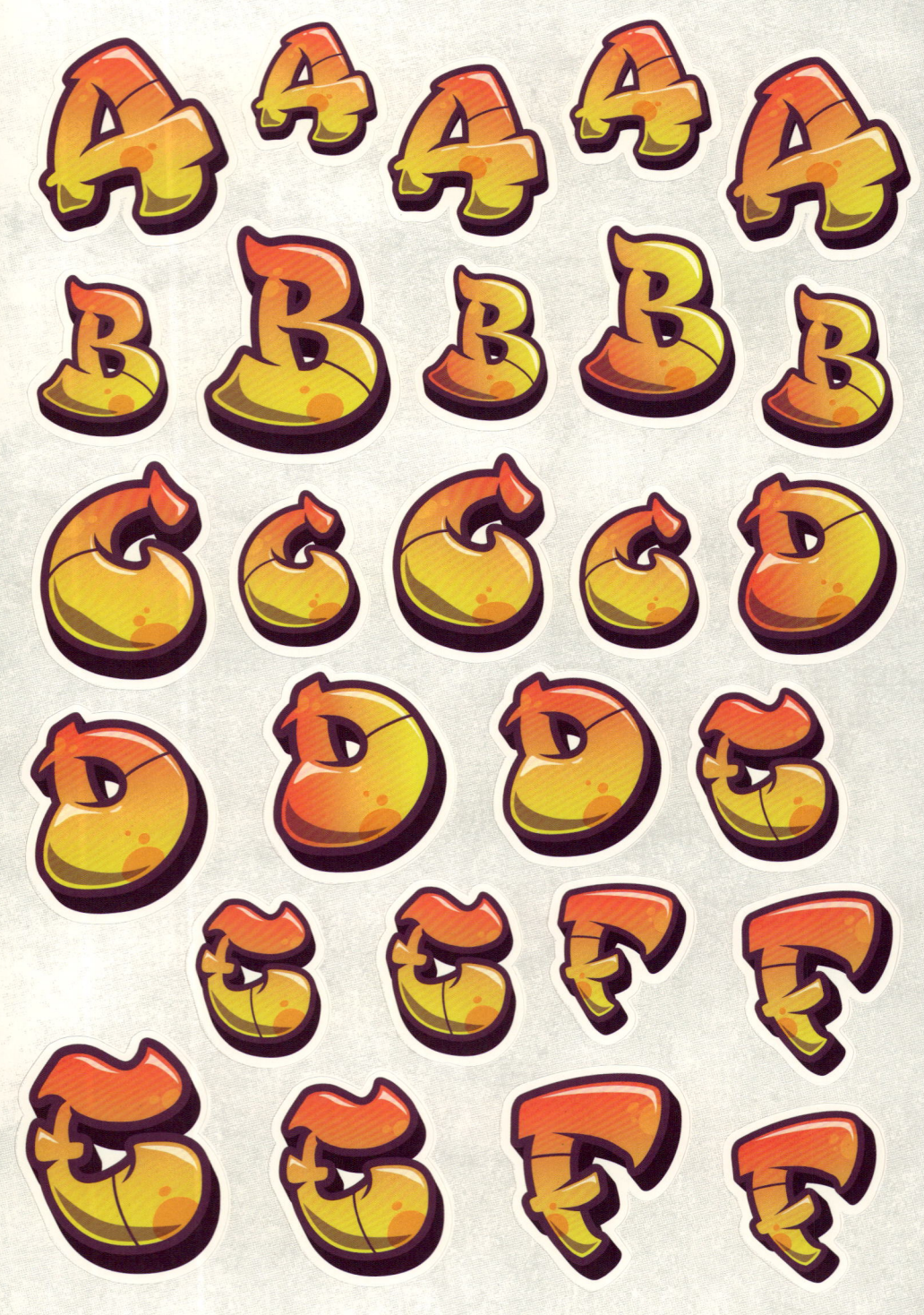

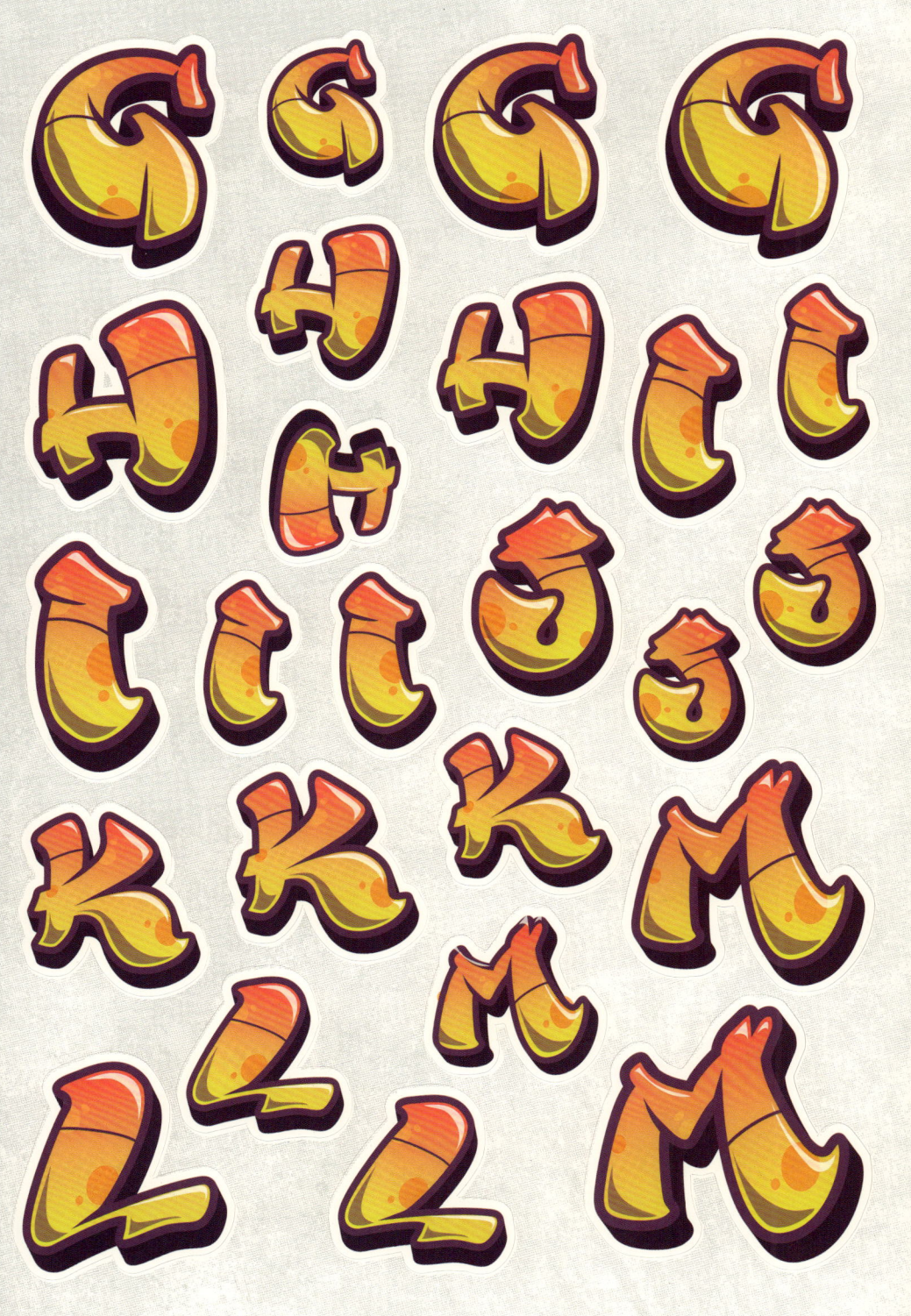

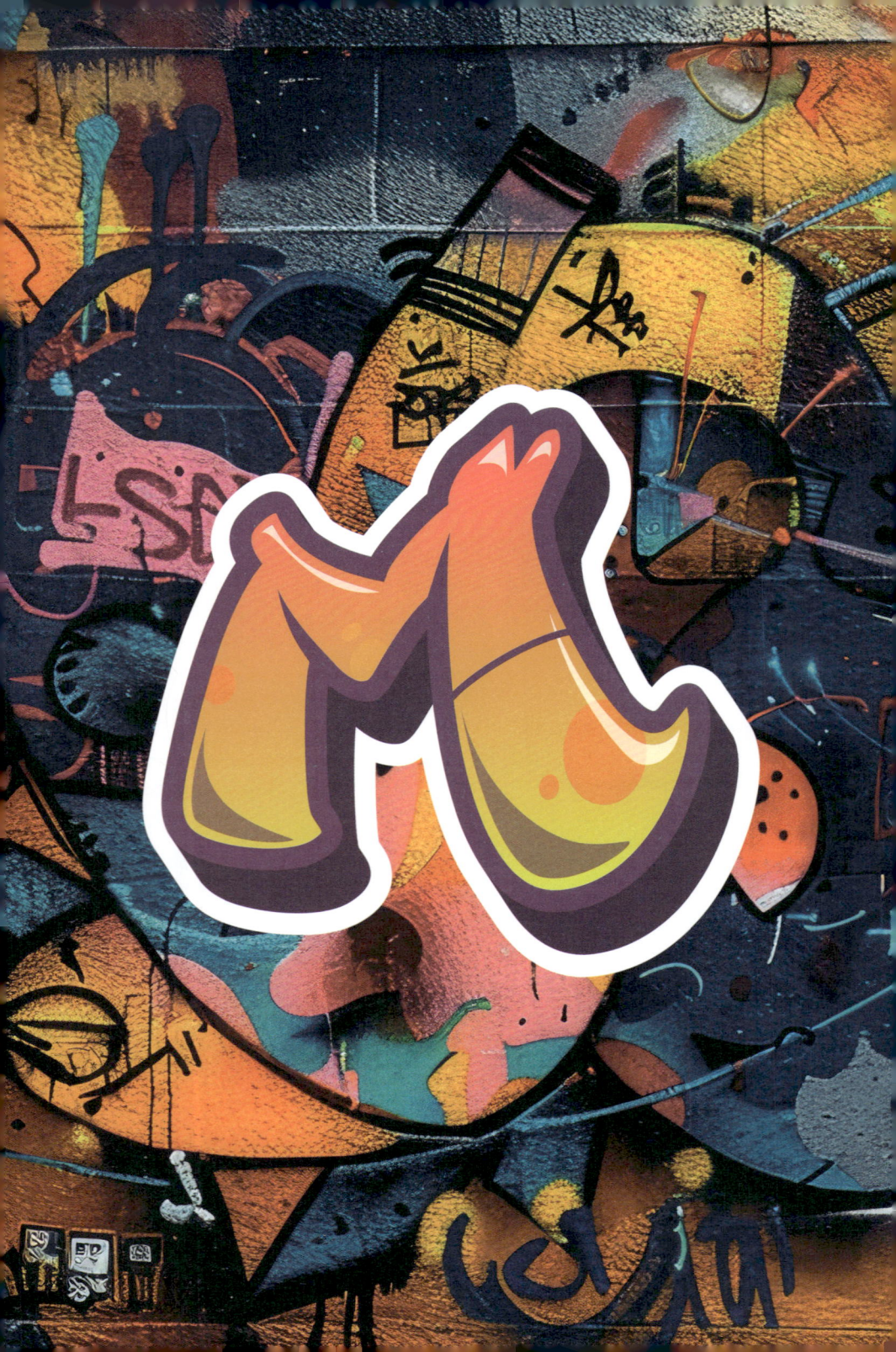

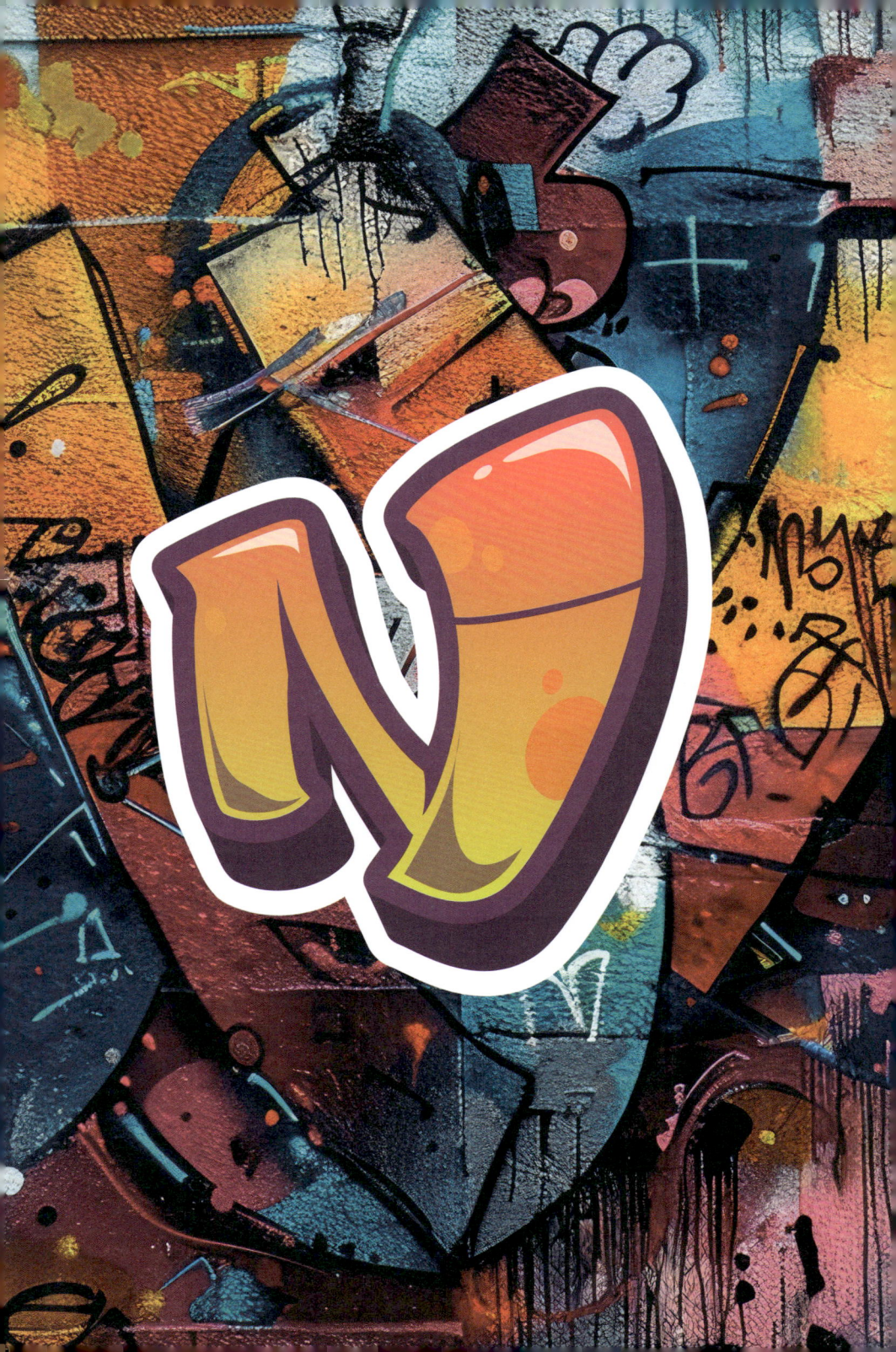

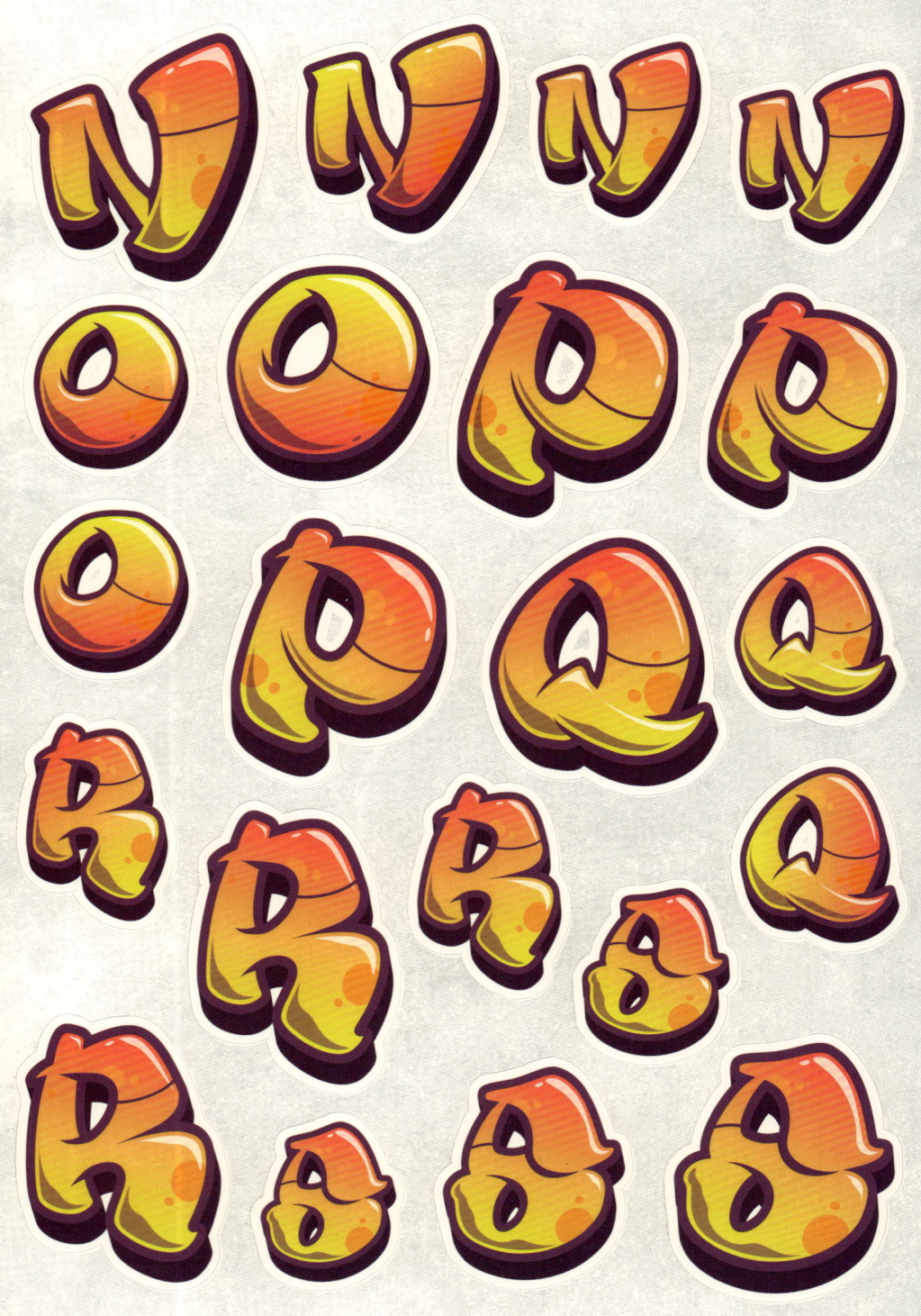

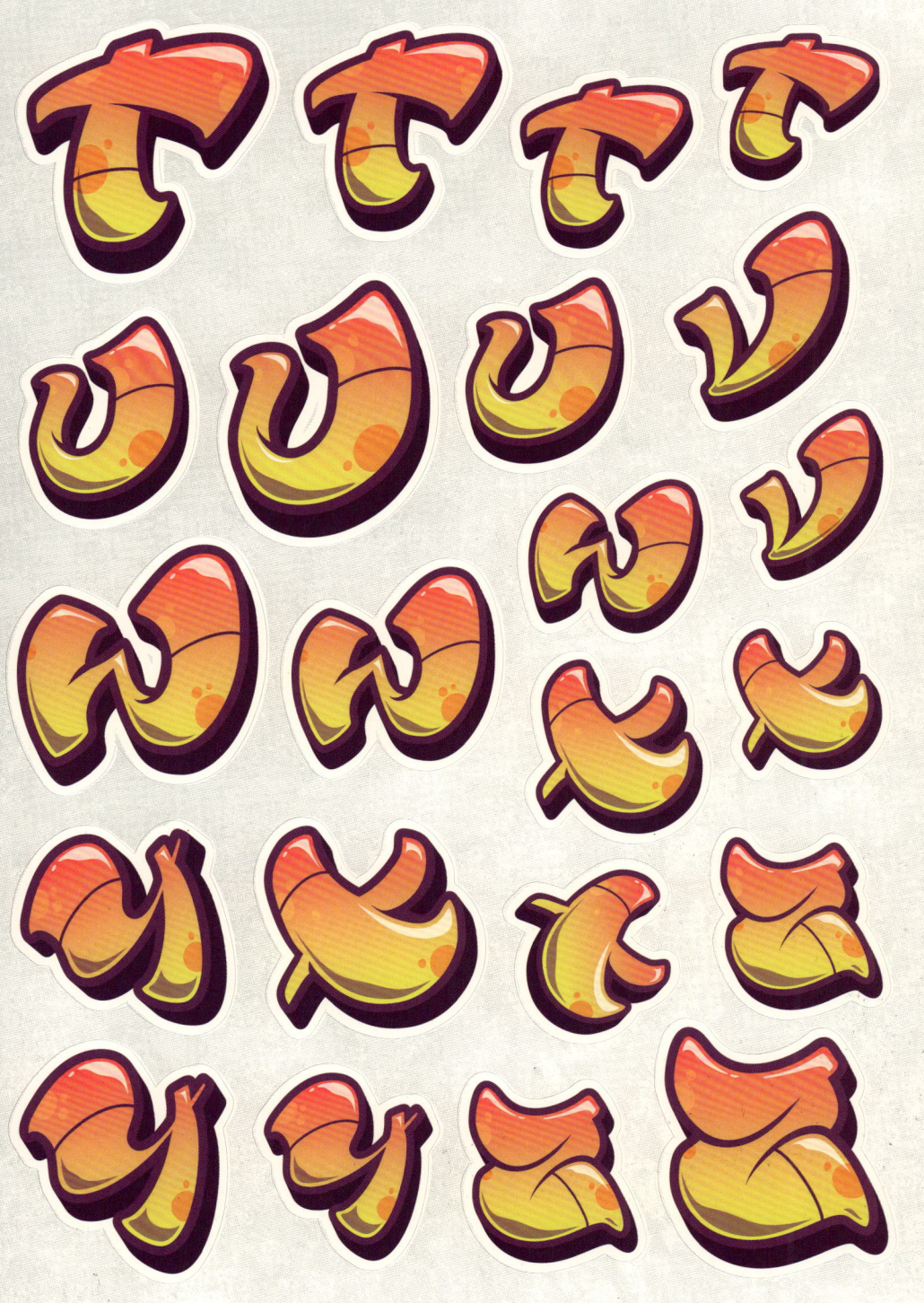

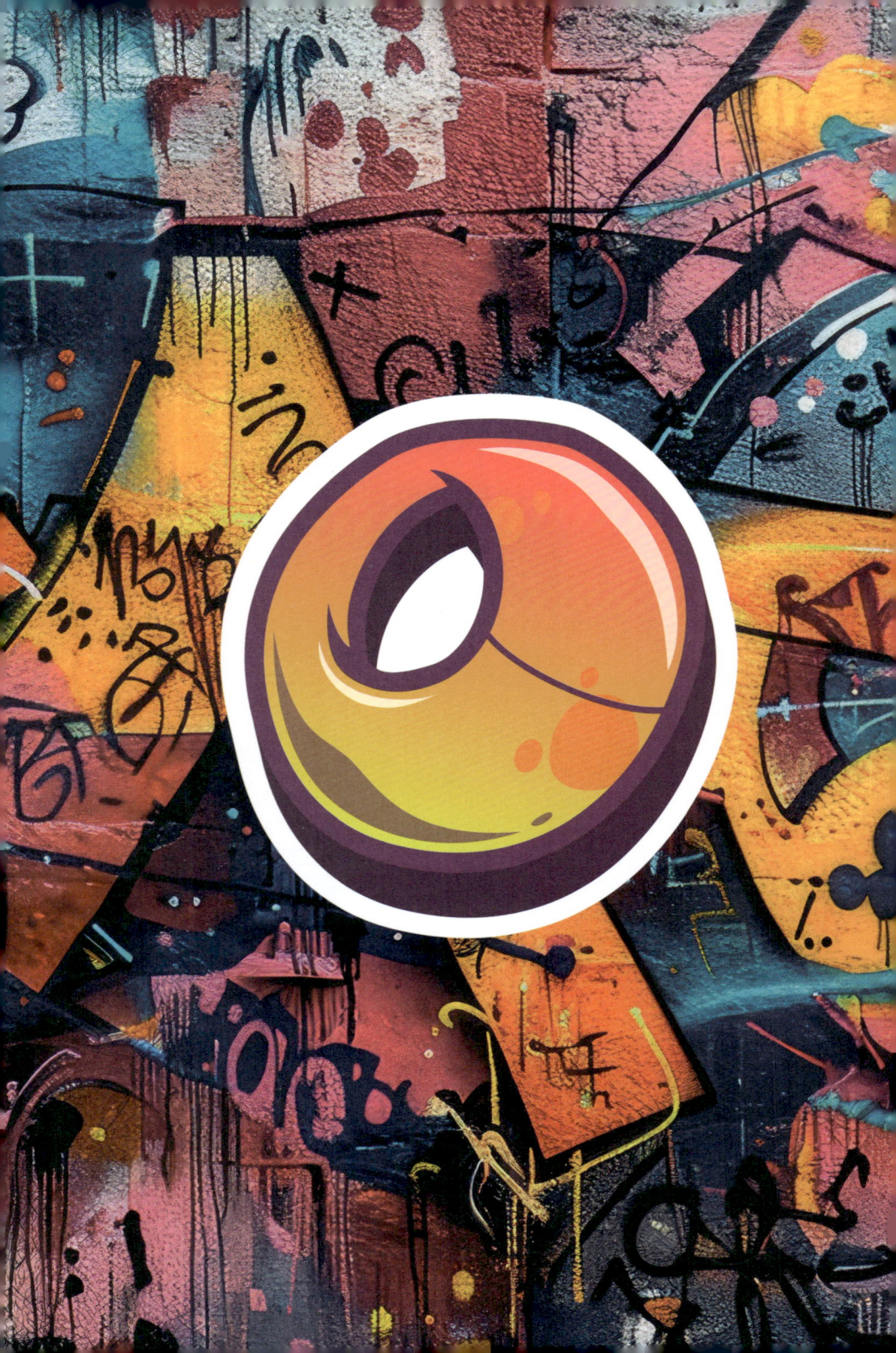

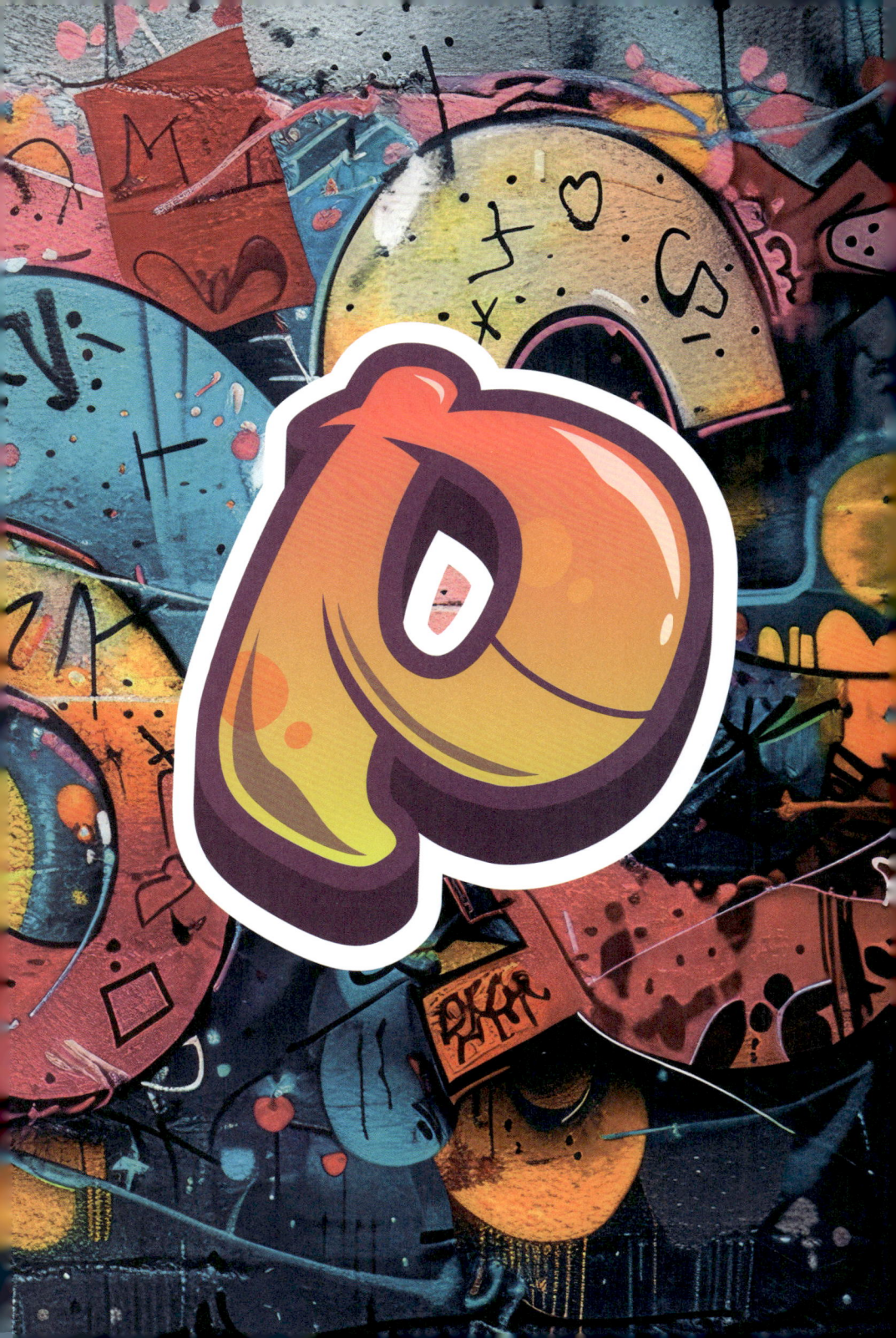

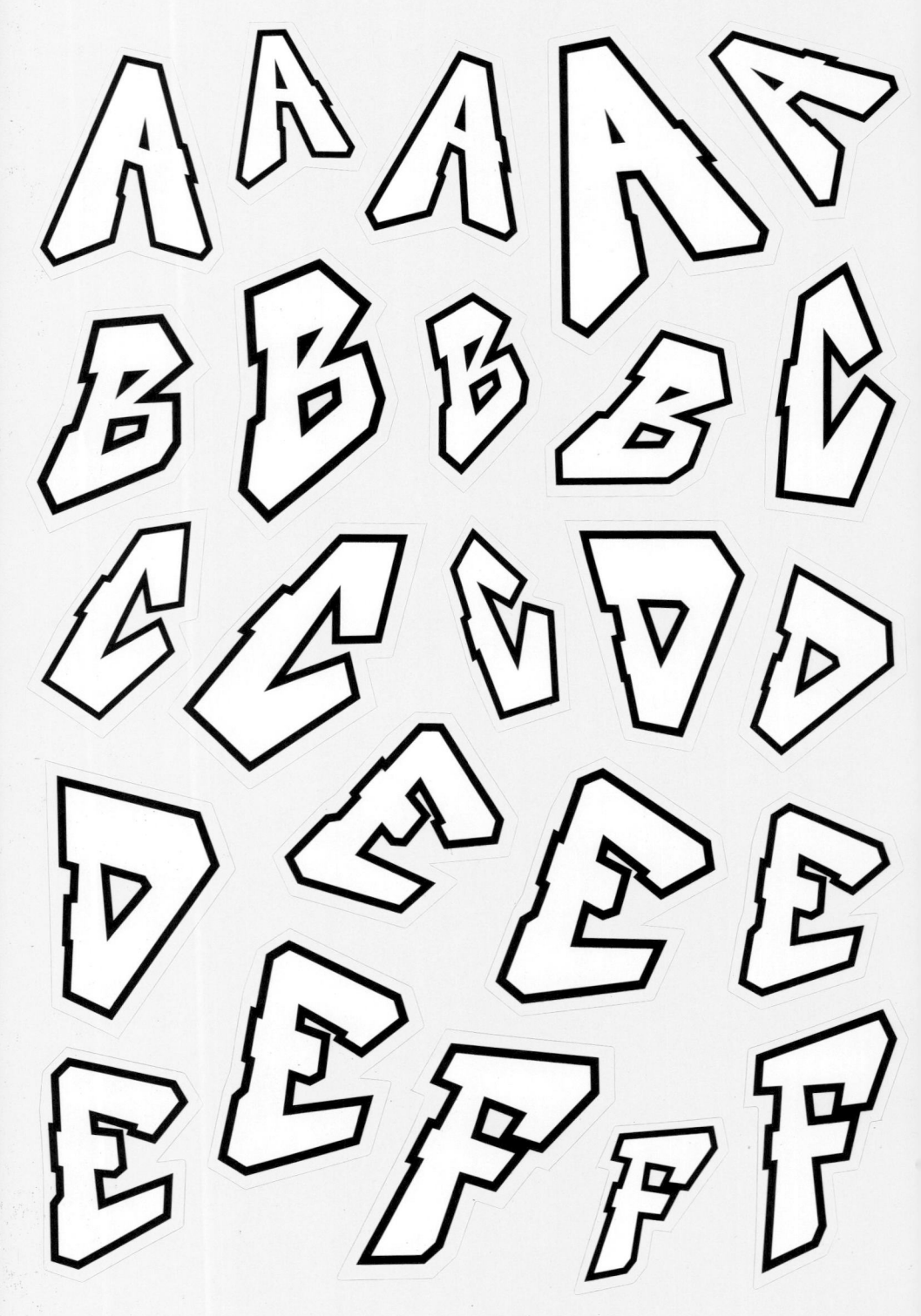

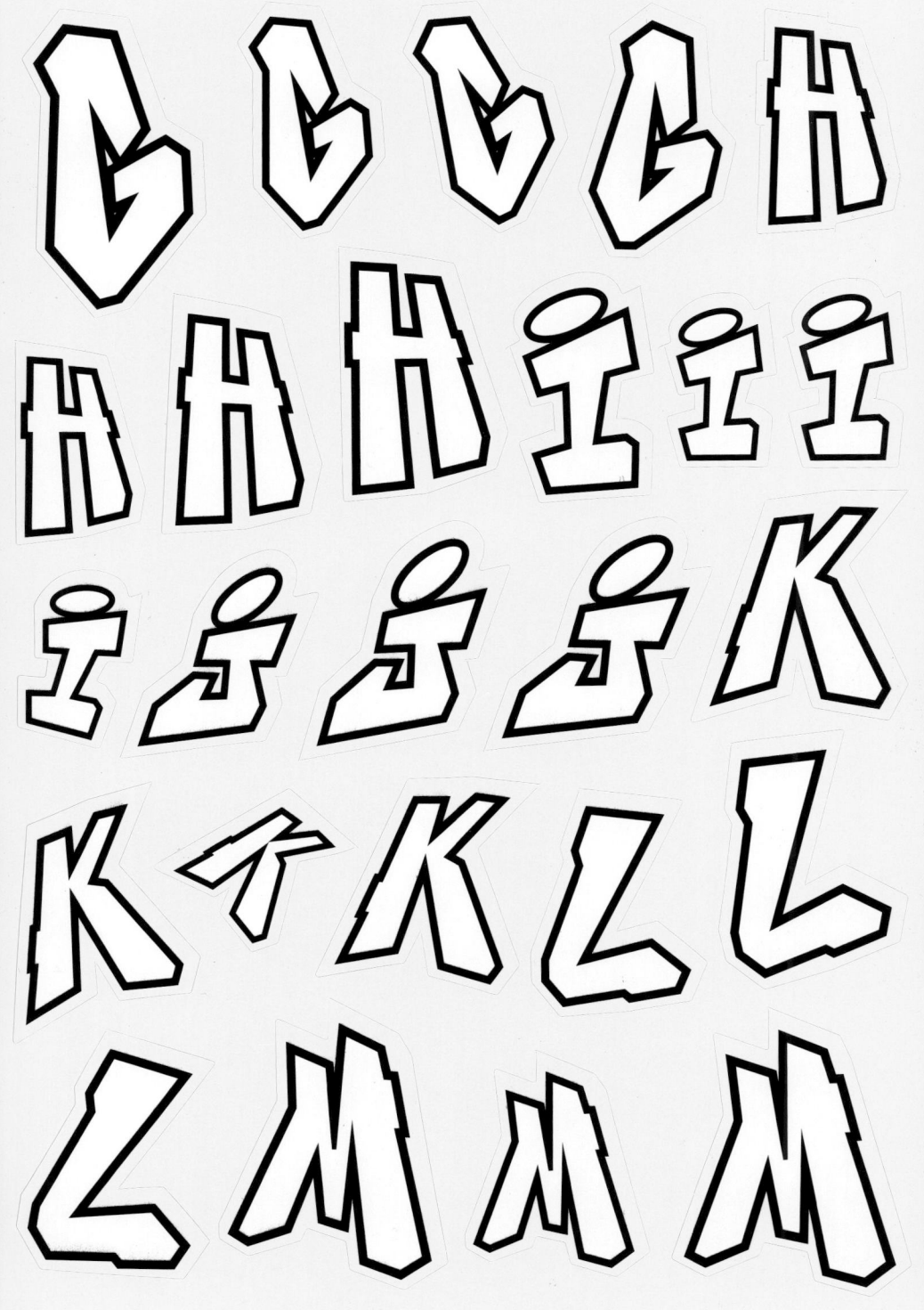

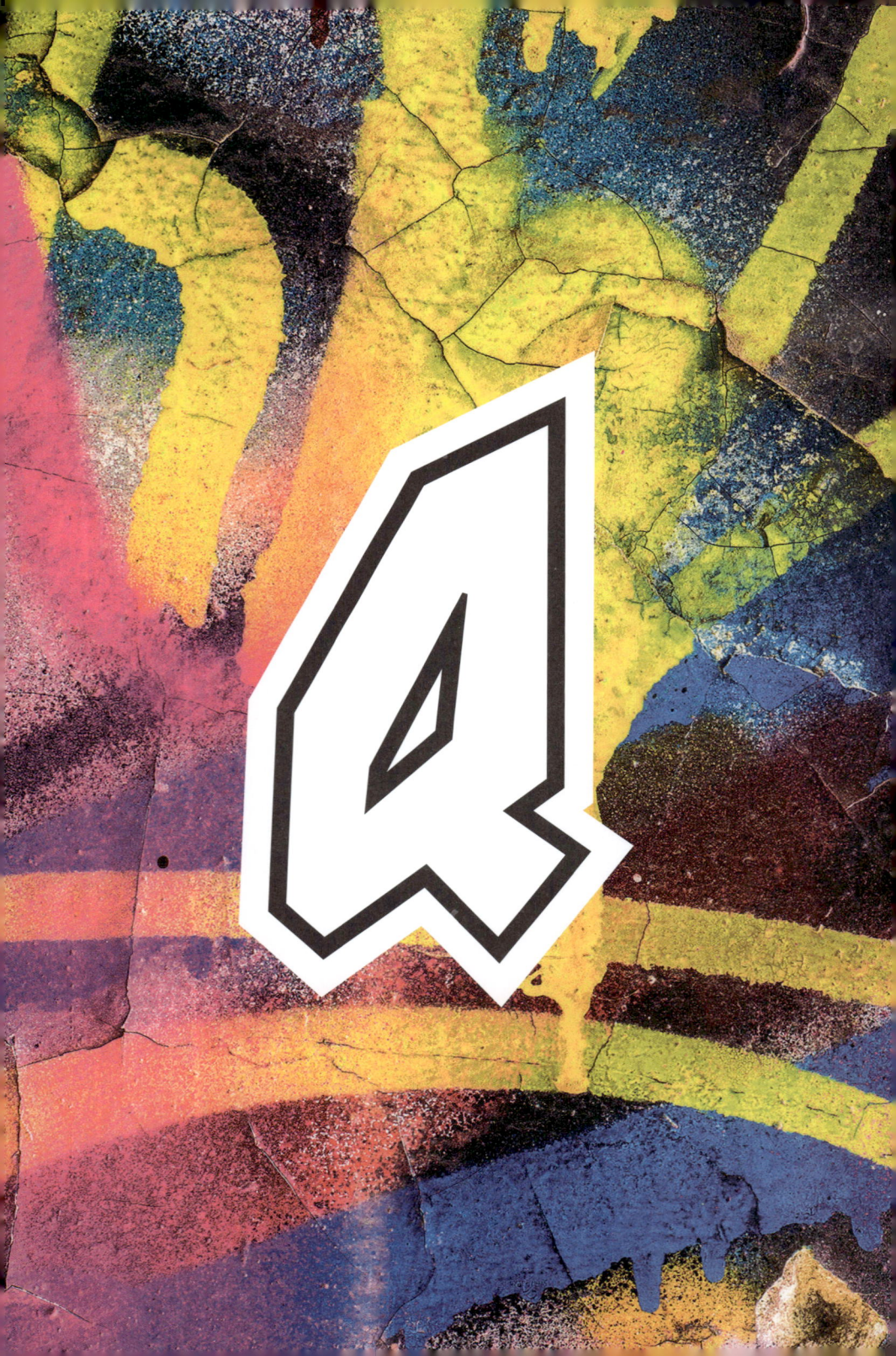

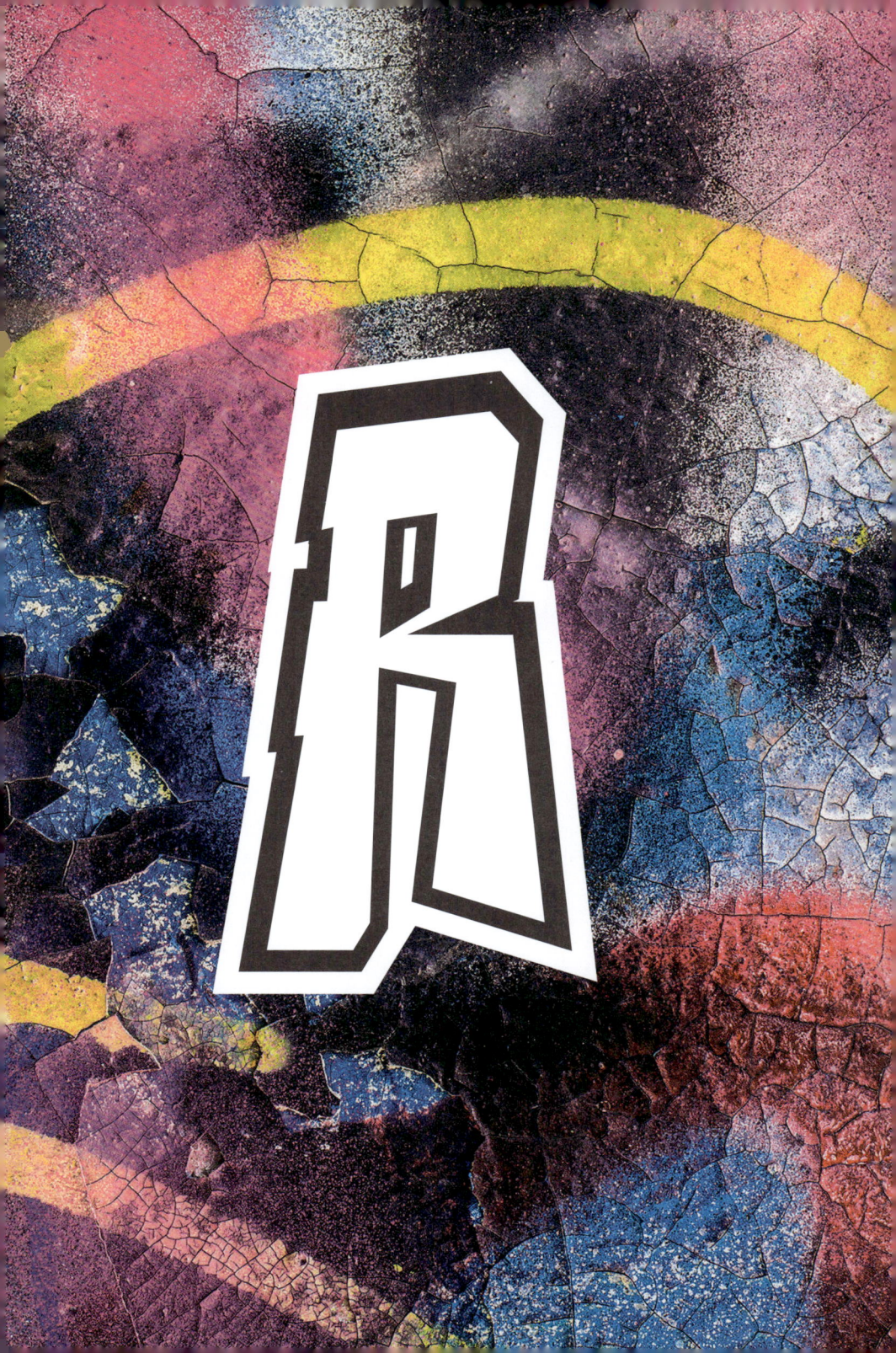

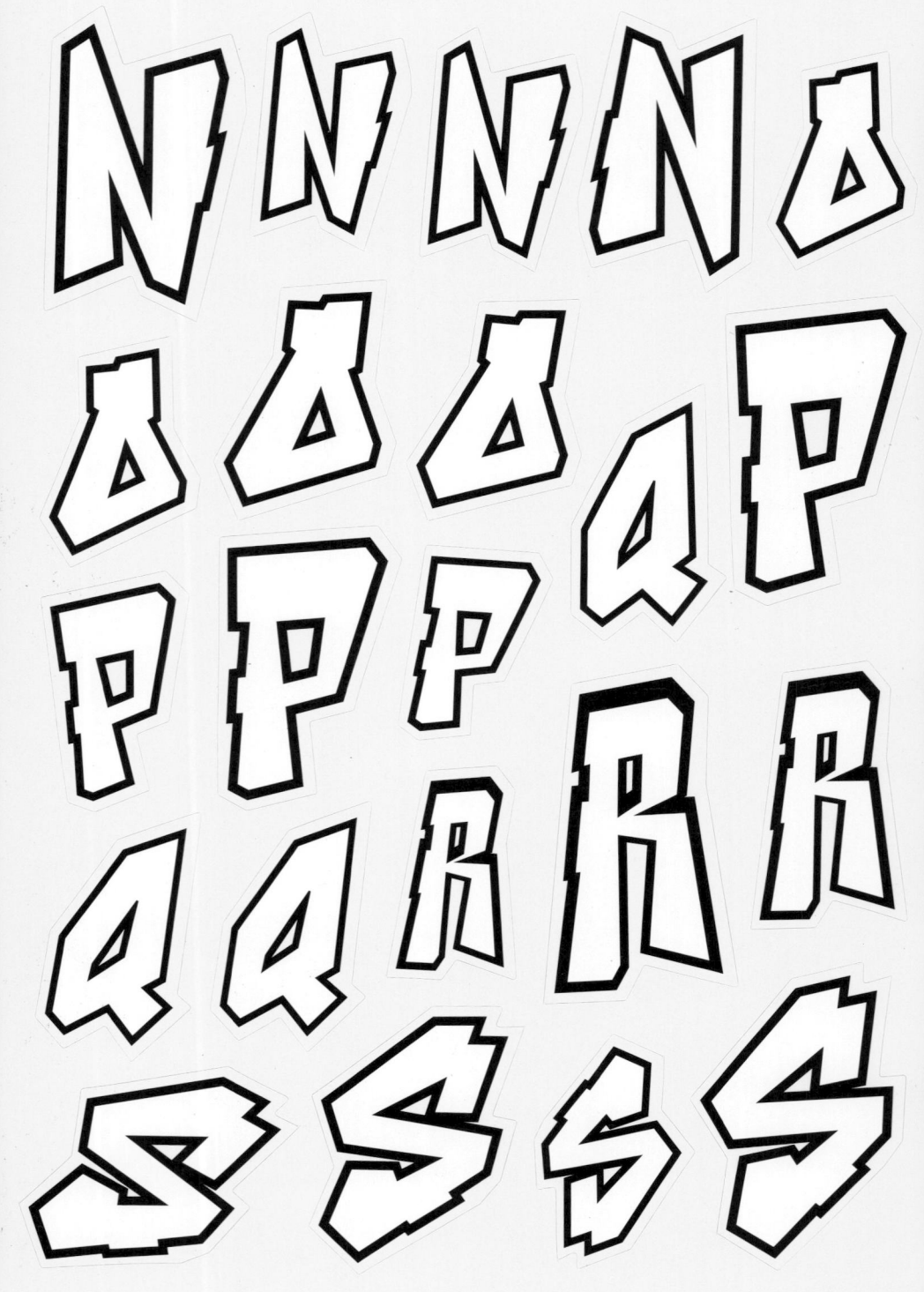

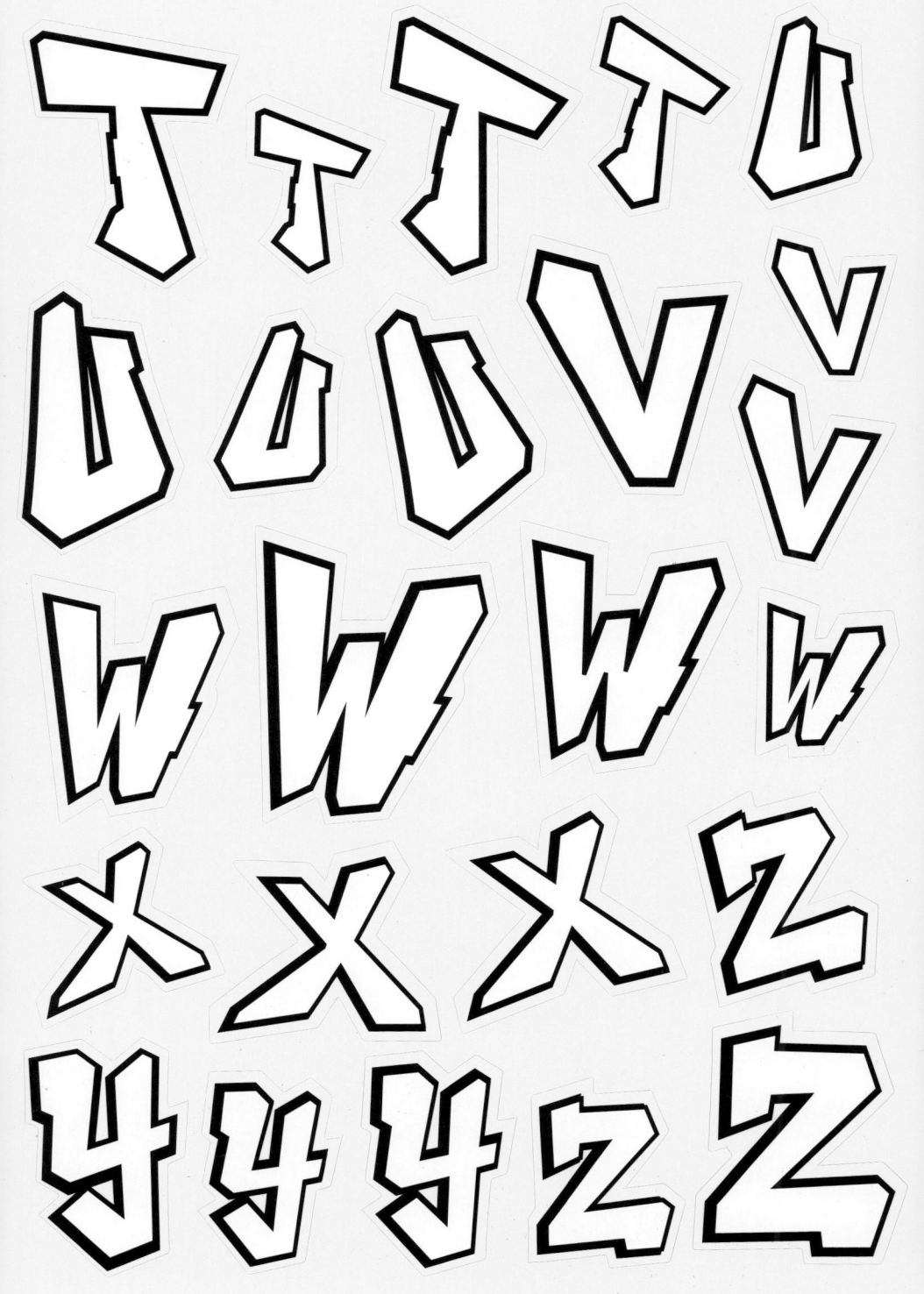

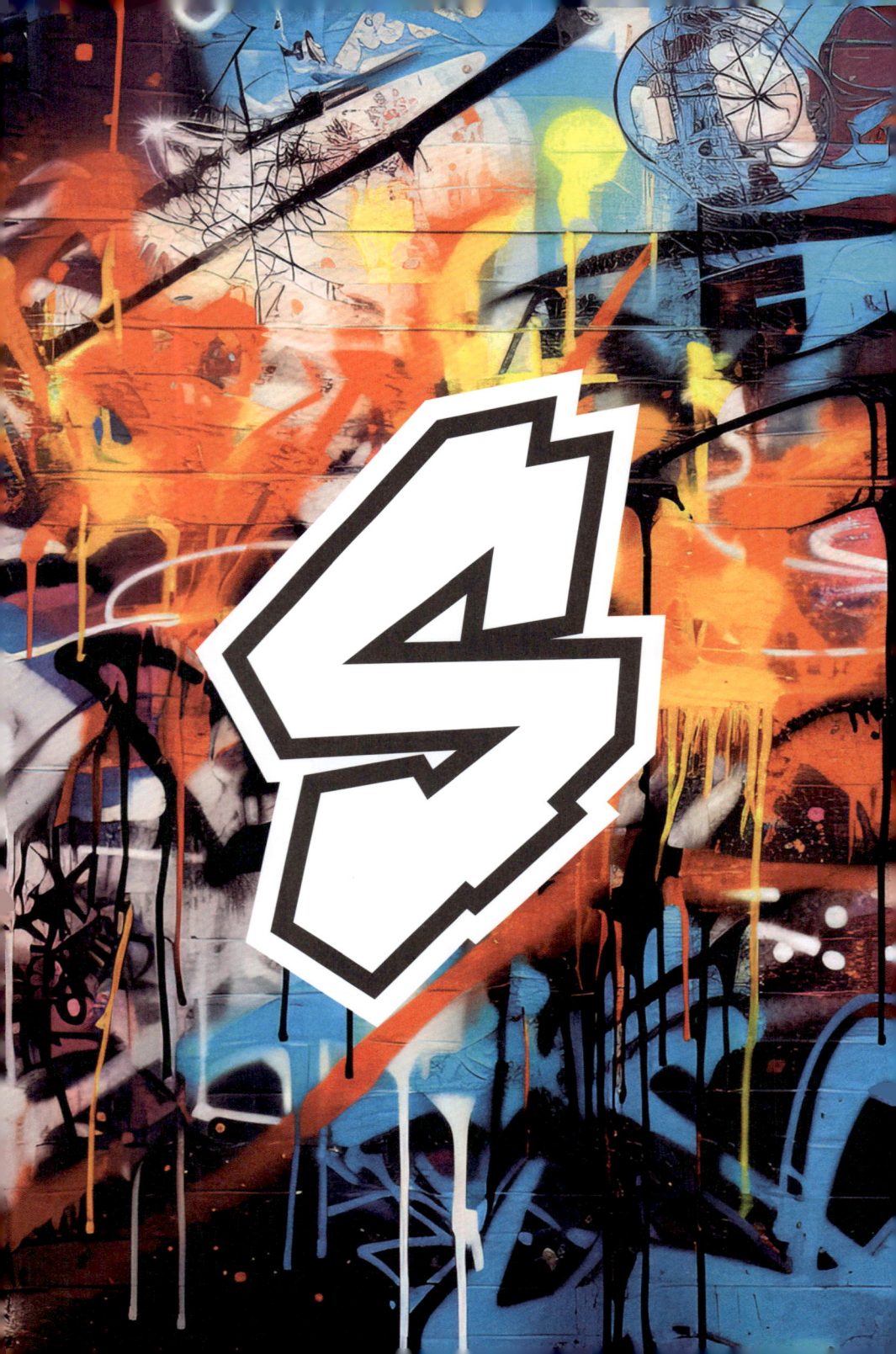

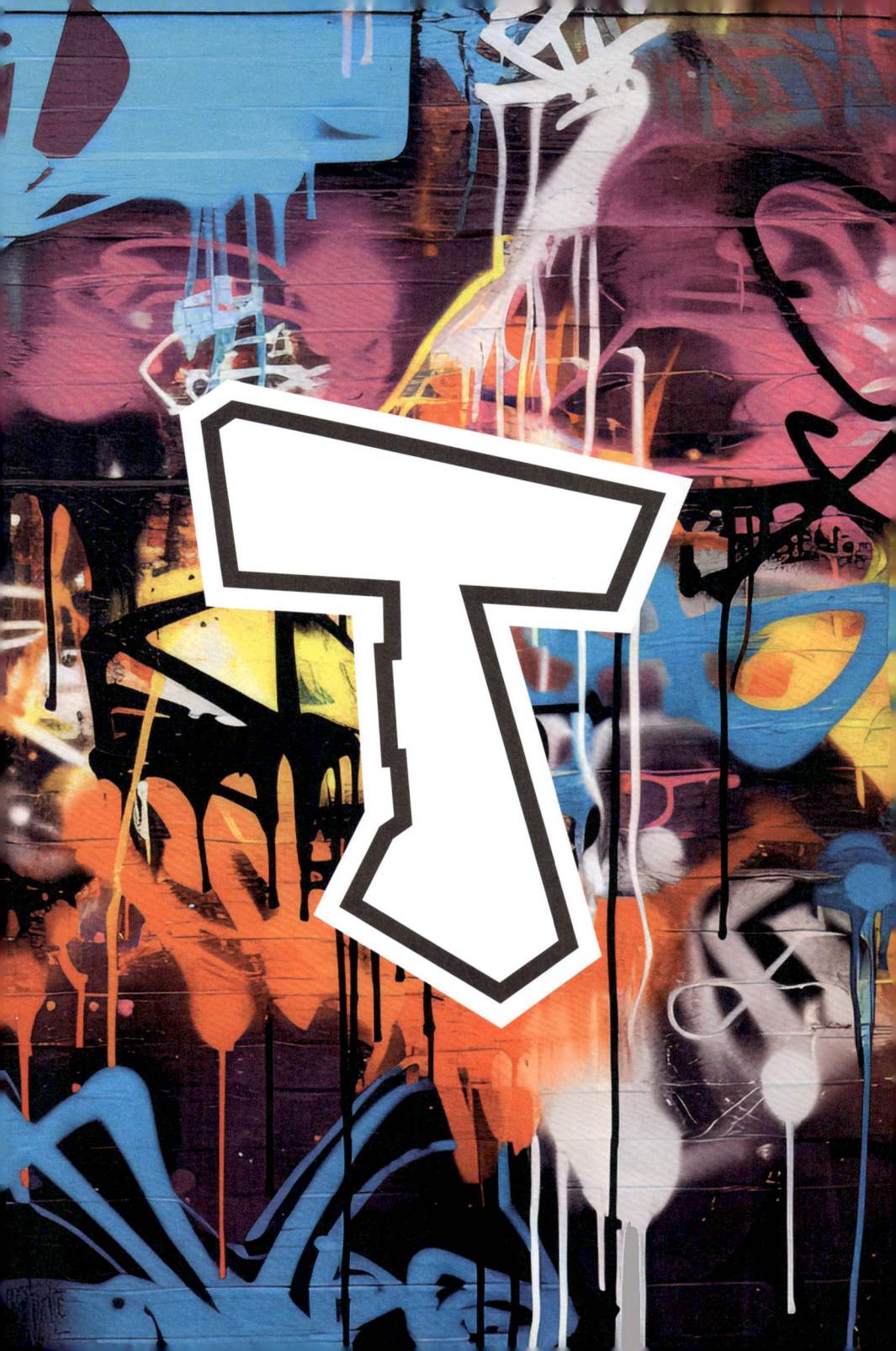

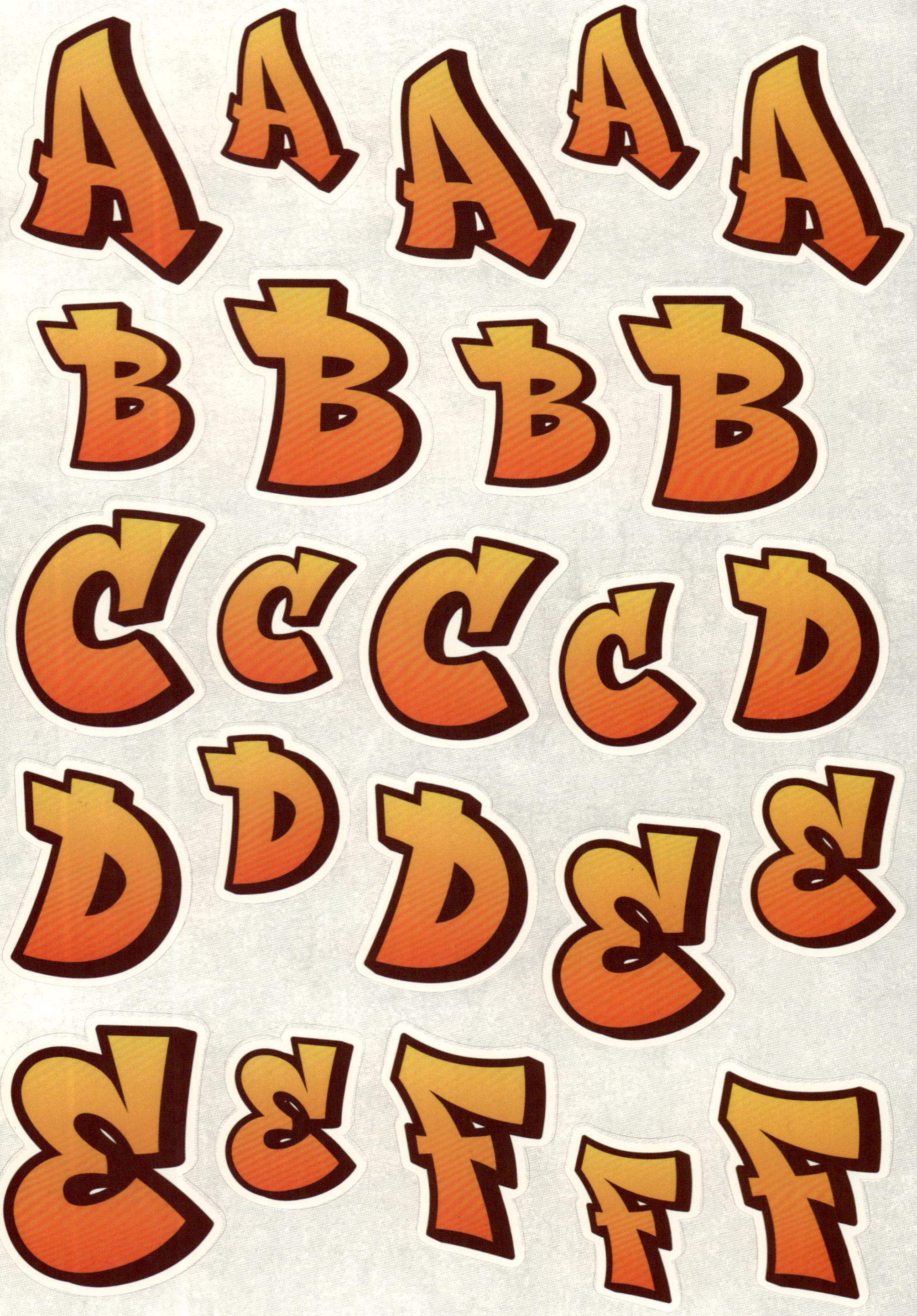
A A A A A
B B B B
C C C C D
D D D E E
E E F F F

G G G G

H H H H i

i l i j J J

K K K L L

L M M M

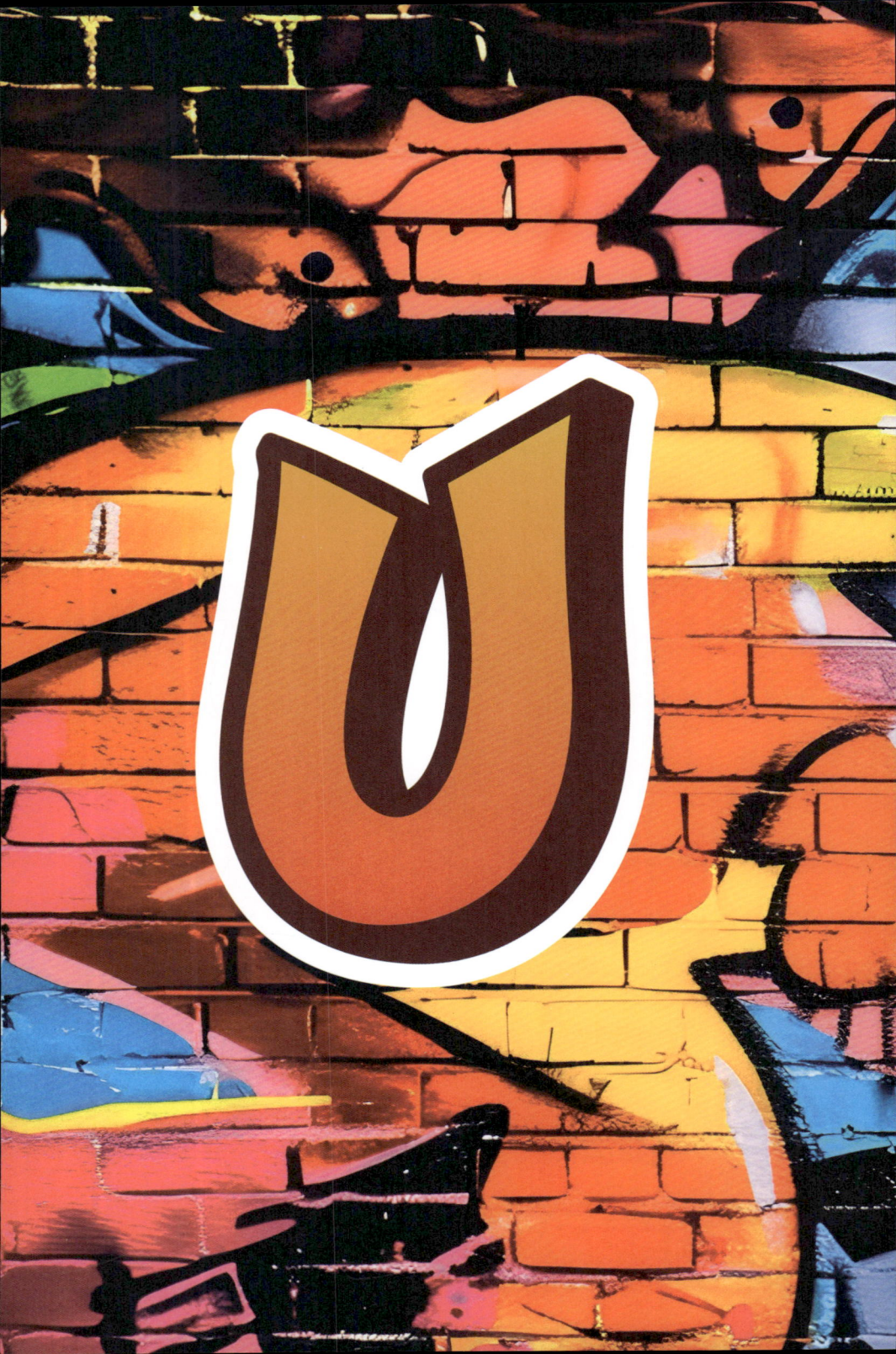

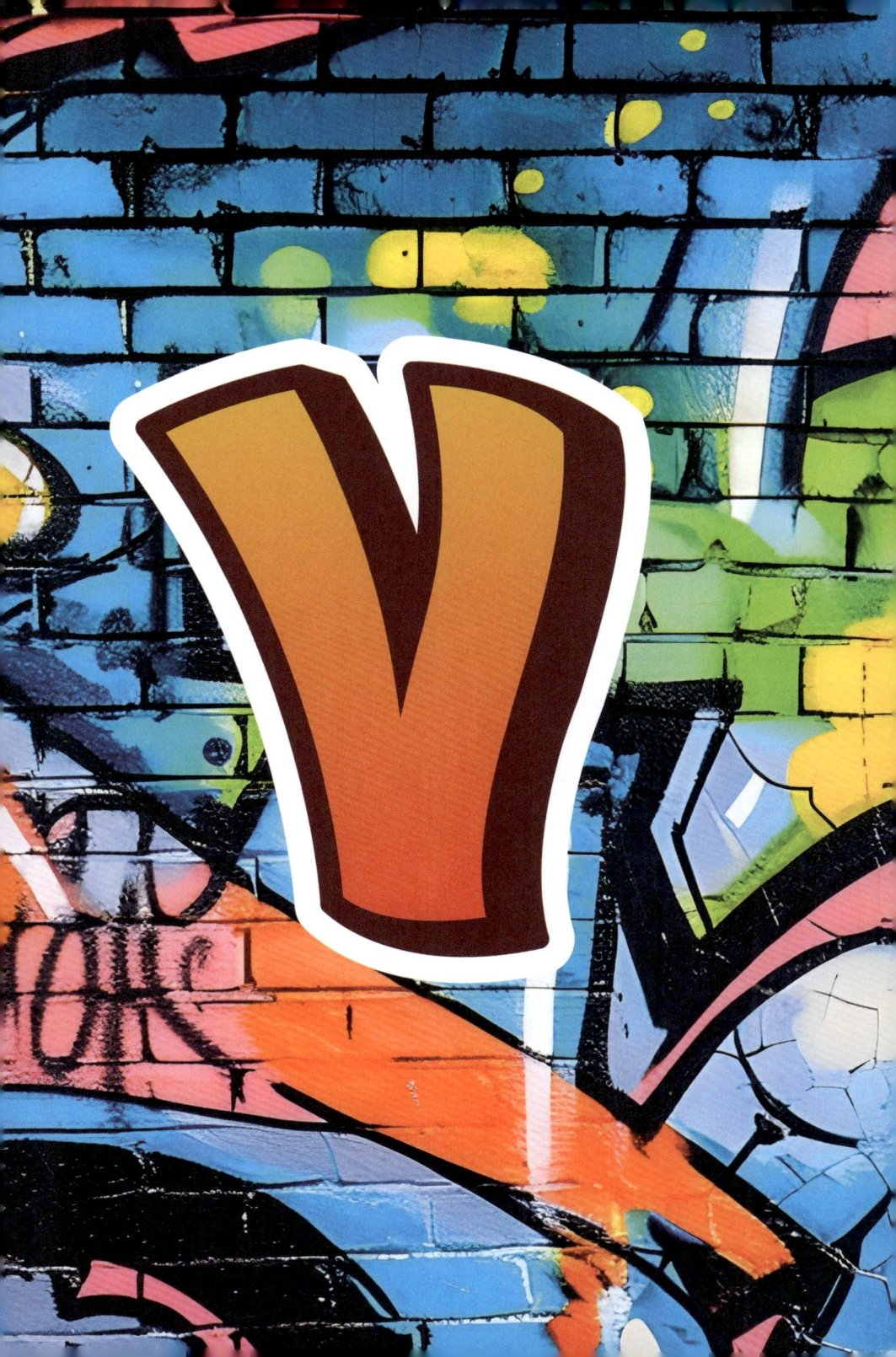

N N N N O
O O O P P
P P Q Q Q
Q R R R
R S S S S

T T T T T
U U U V
V V W W
W W X X
X X
Y Y Y Z Z Z

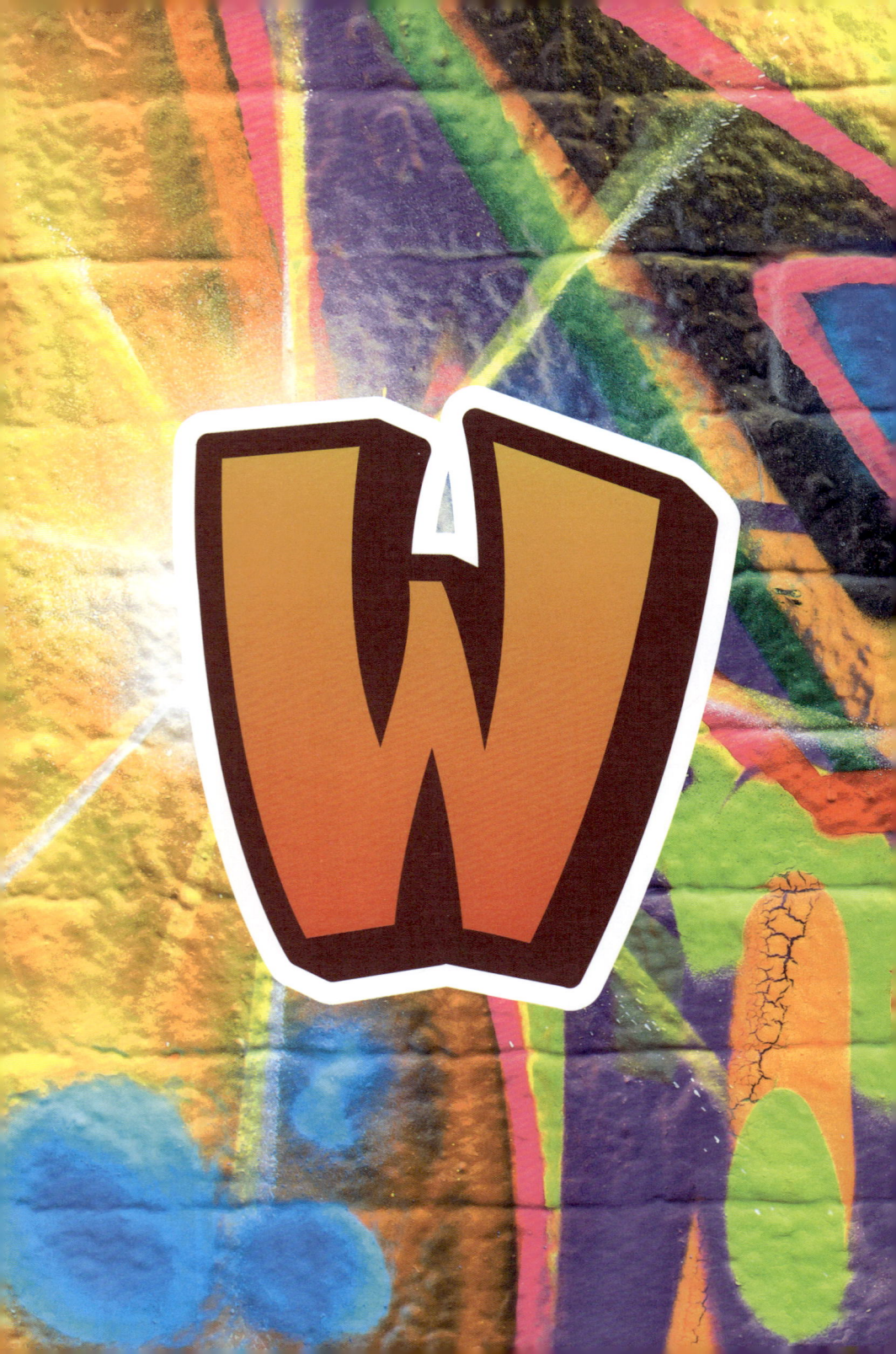

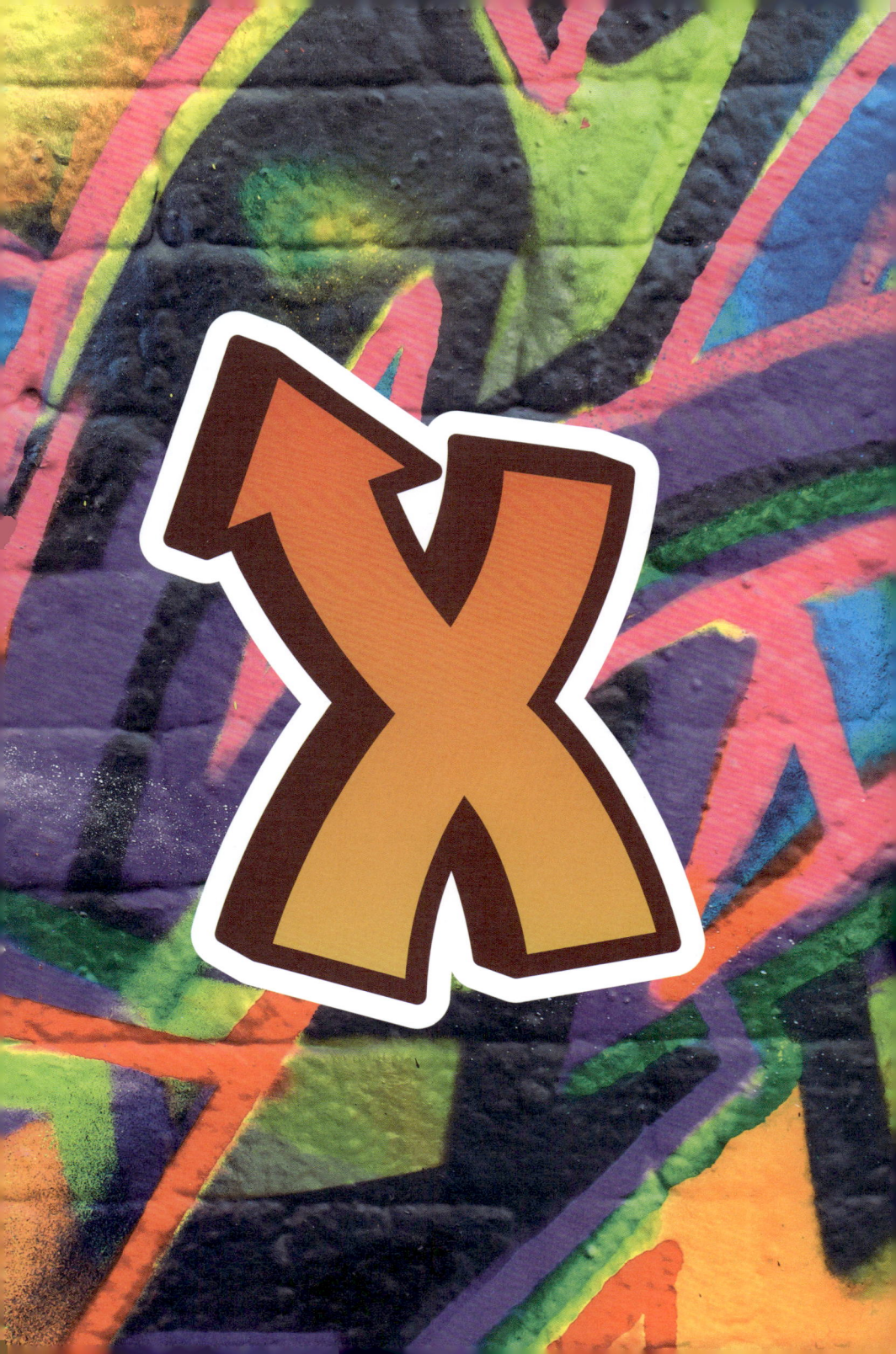

A A A A A
A B B B B
C C C C D
D D D E E
E E F F F

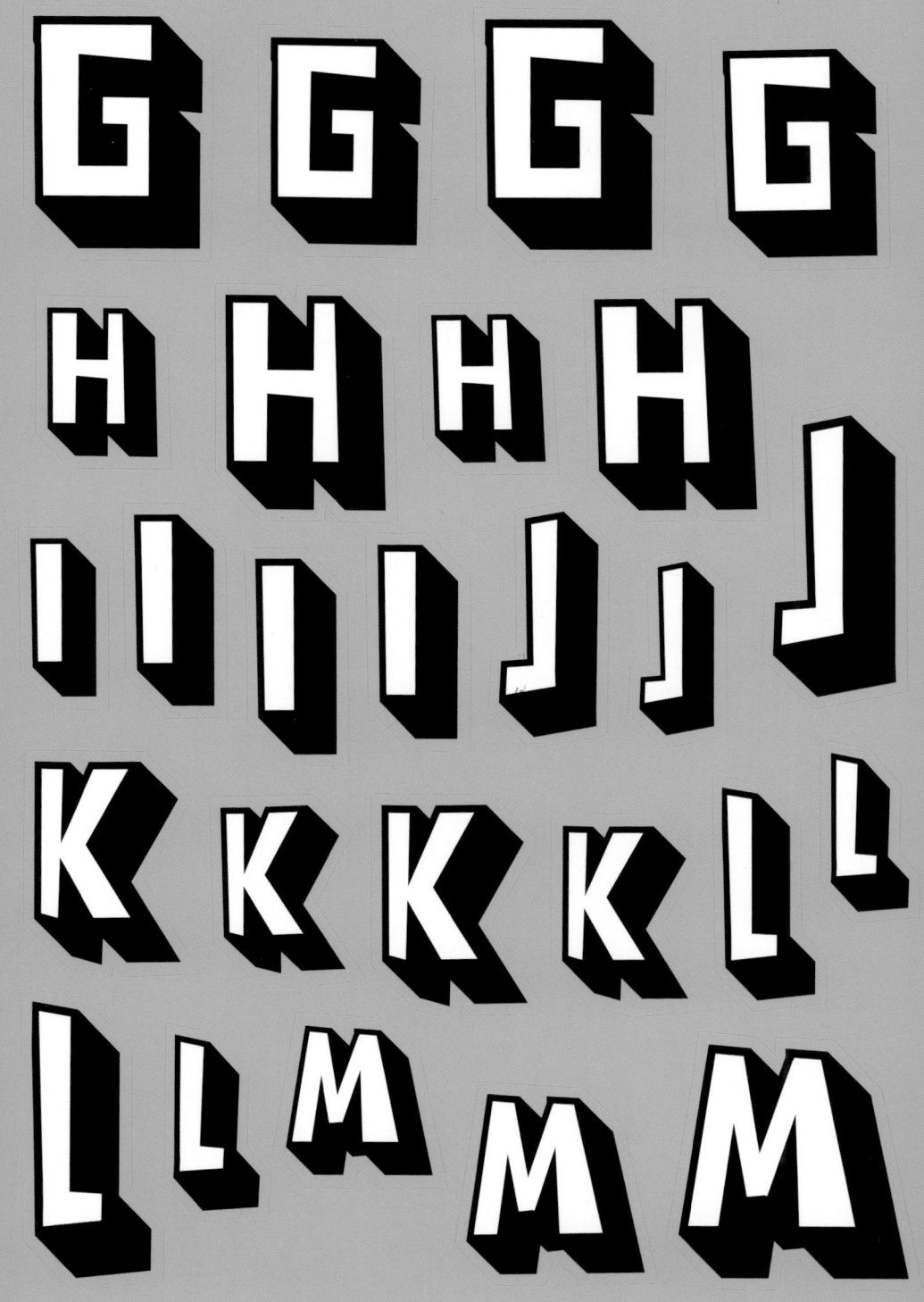

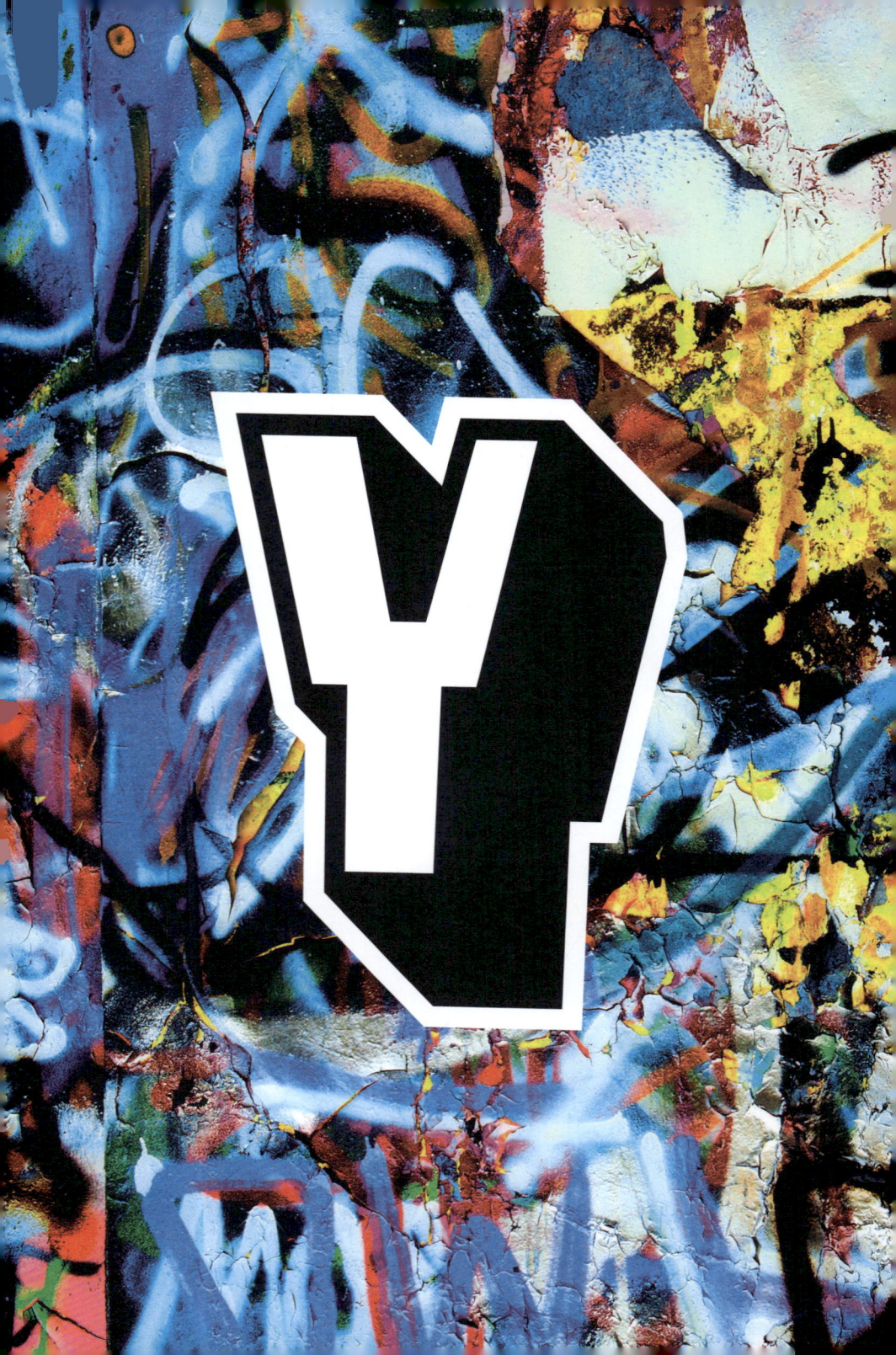

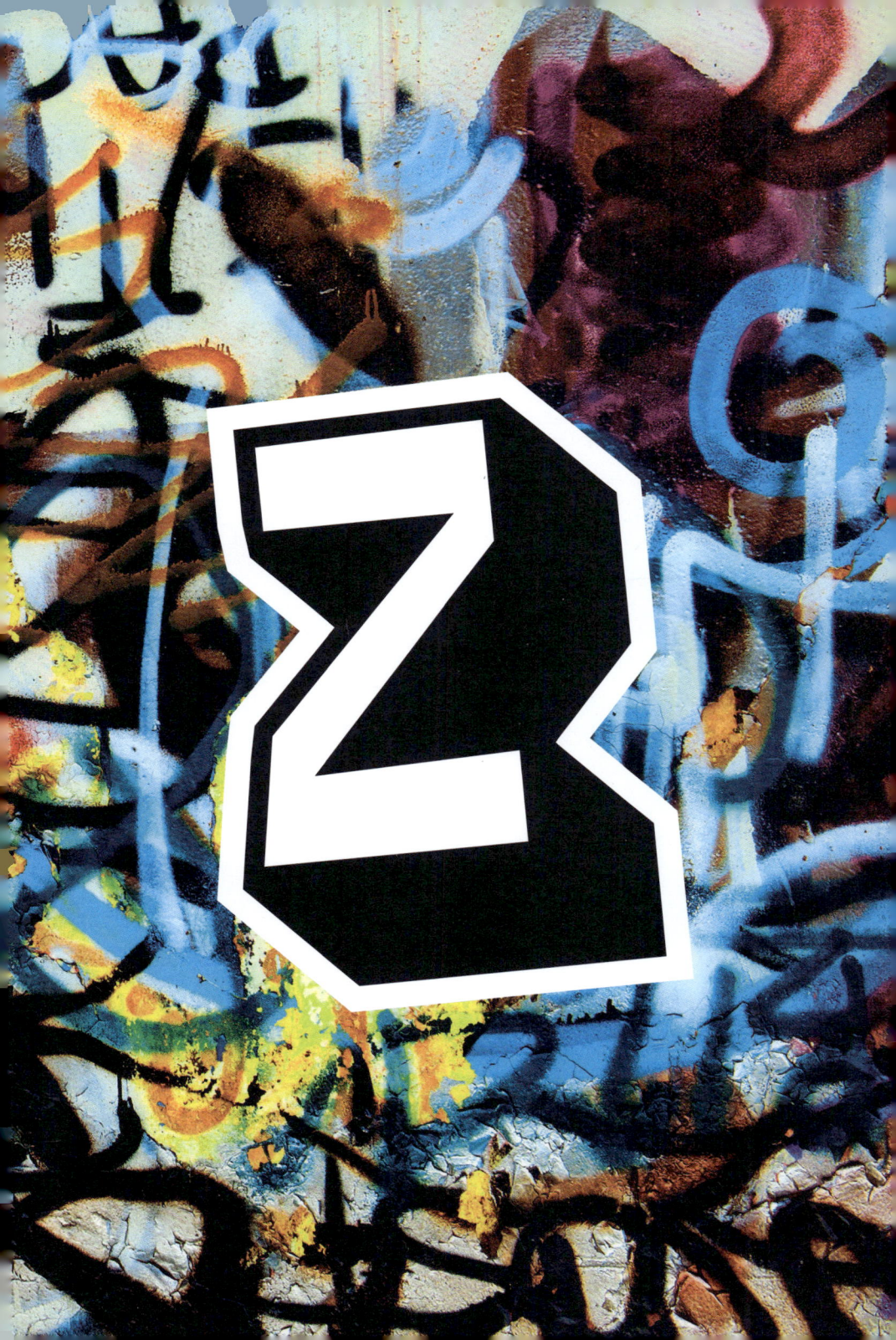

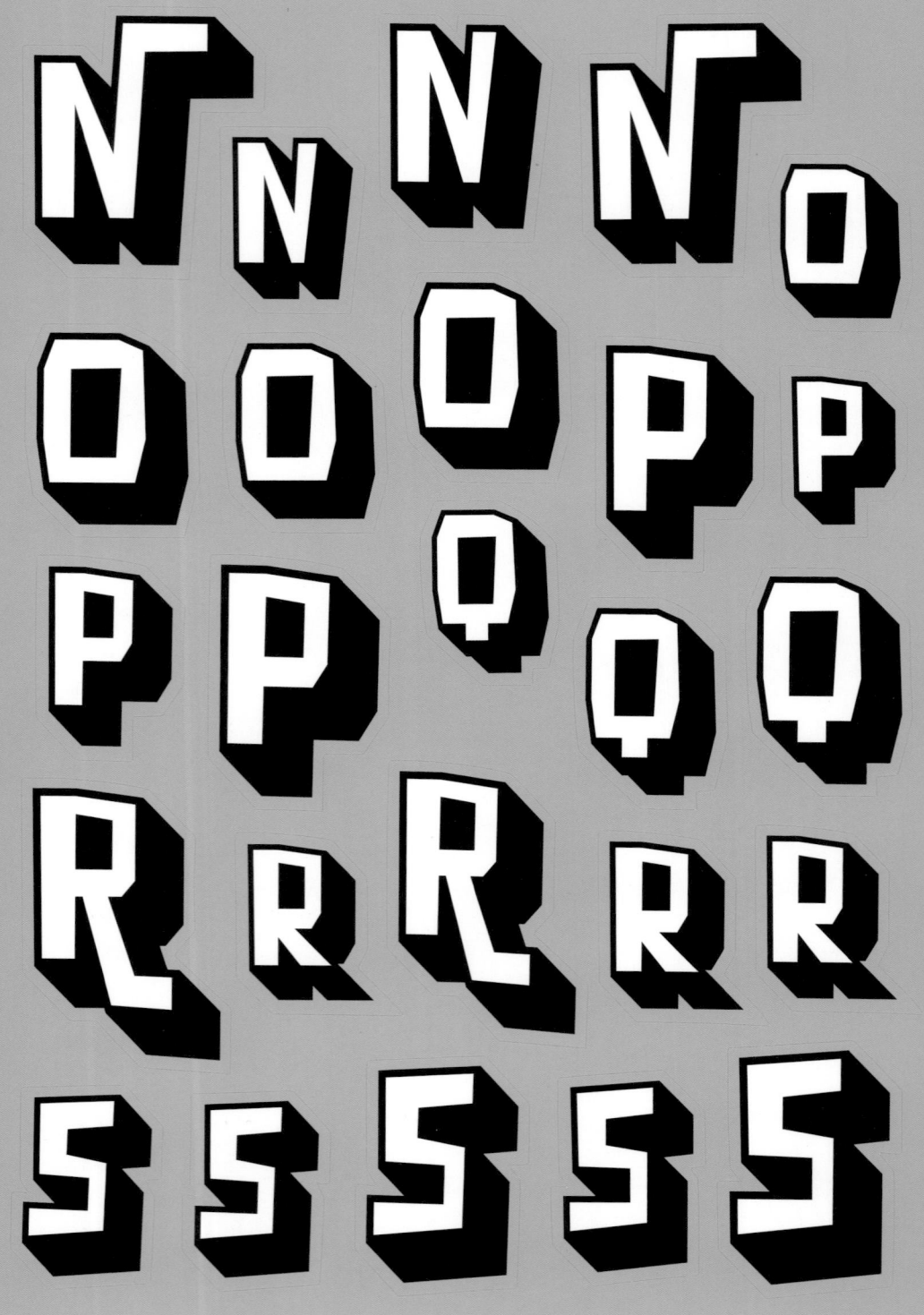

T T T T U
U U U V V
V W W W W
W X X X Y
Y Y Z Z Z

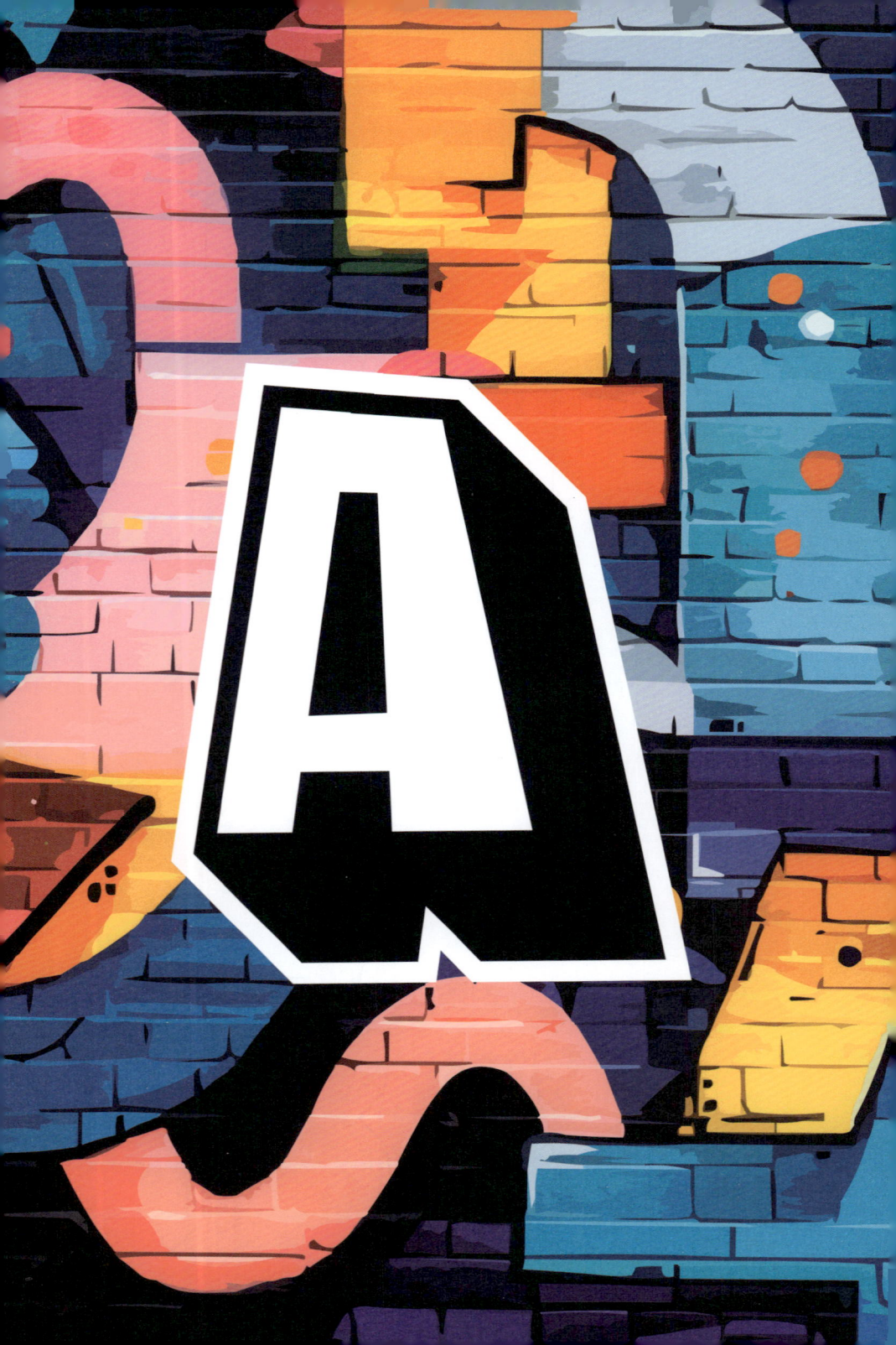

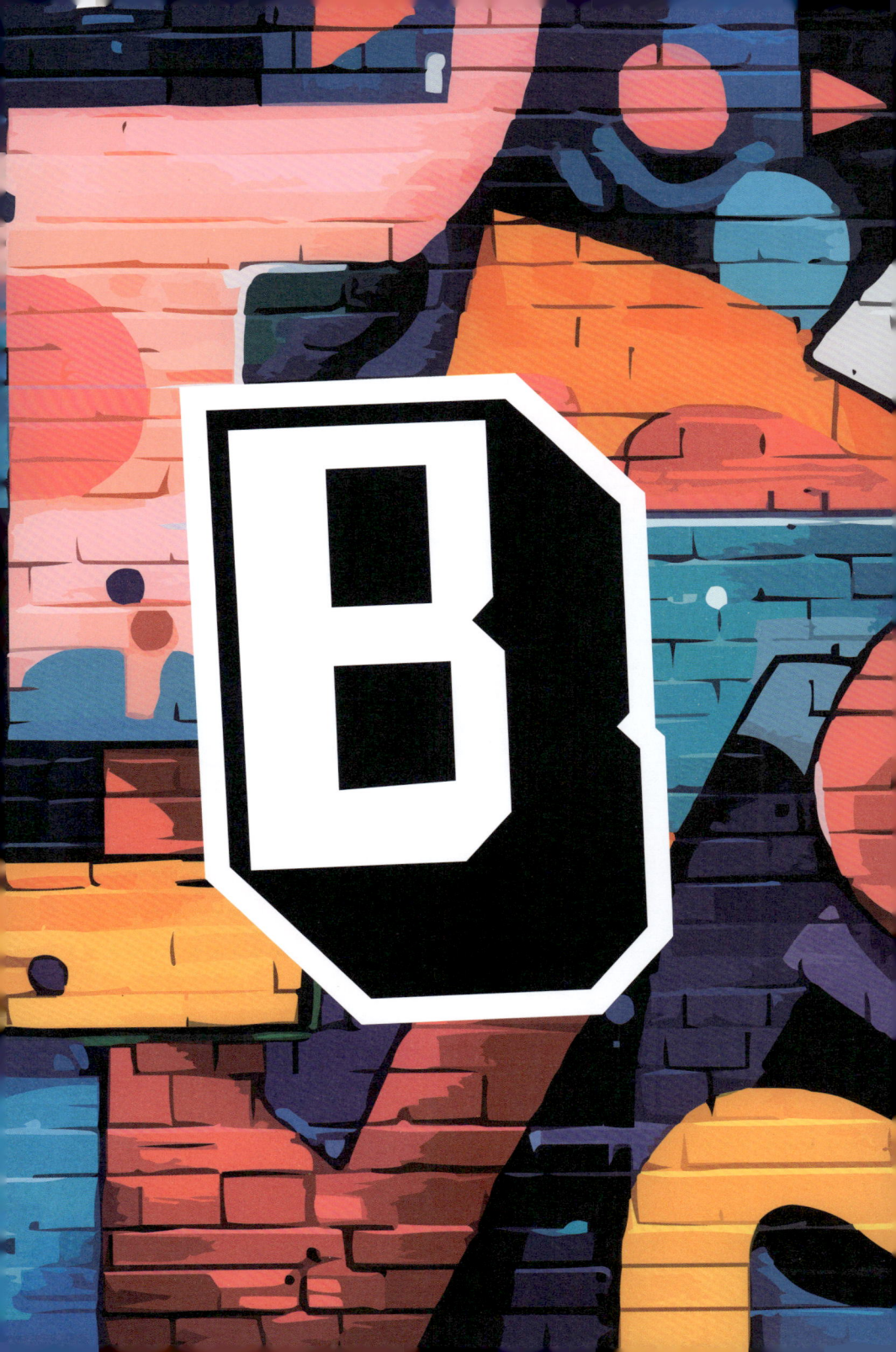

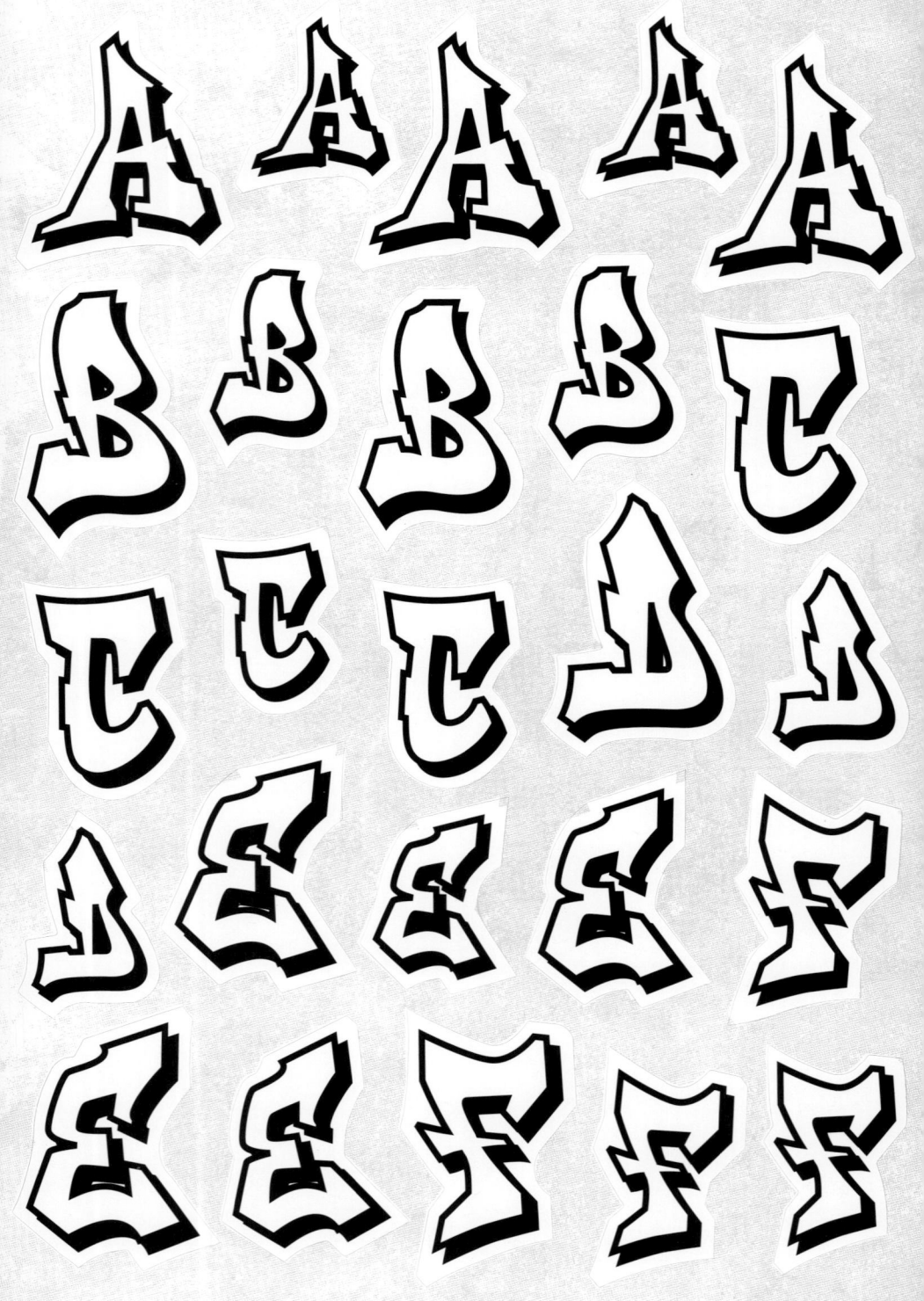

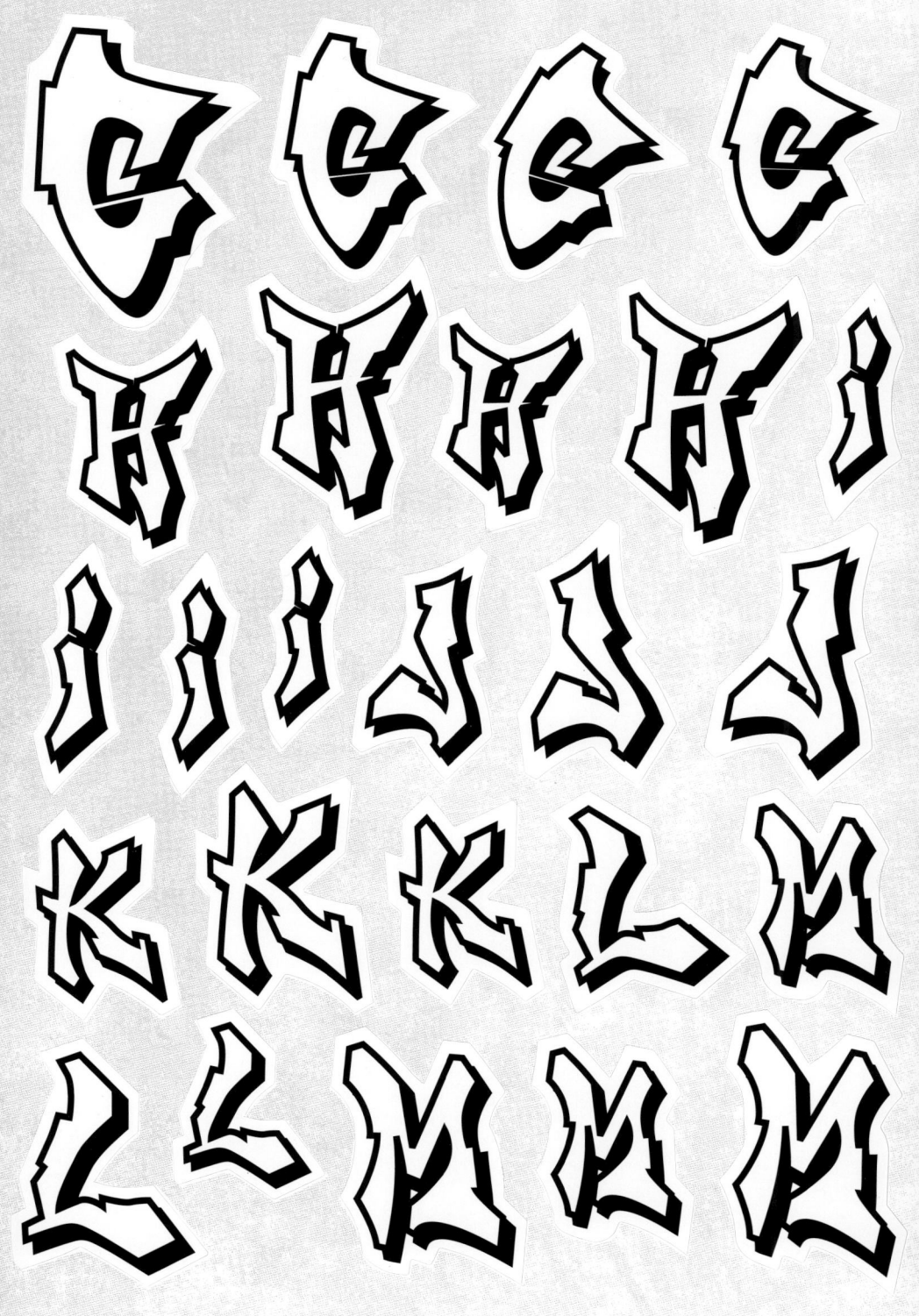

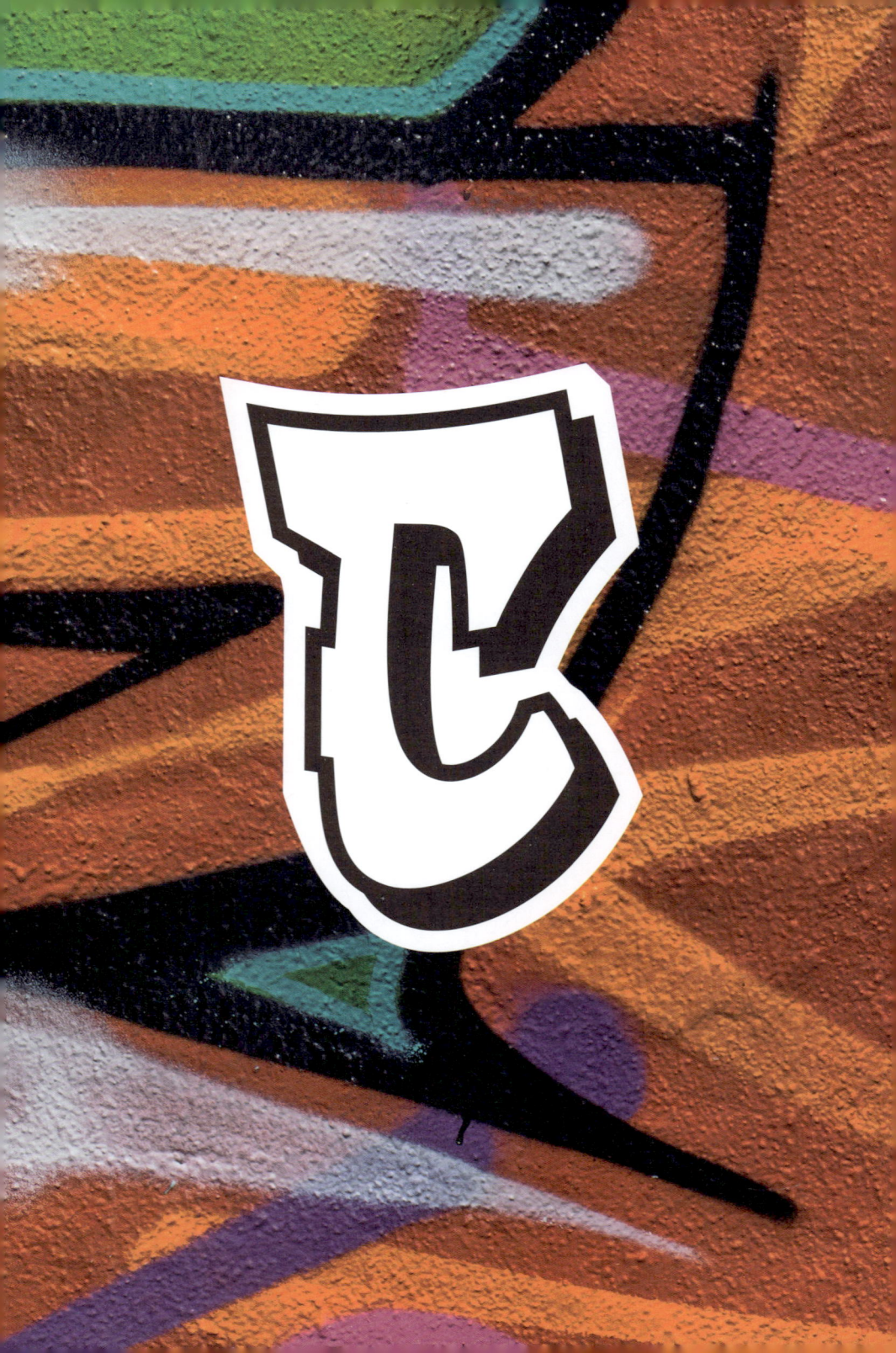

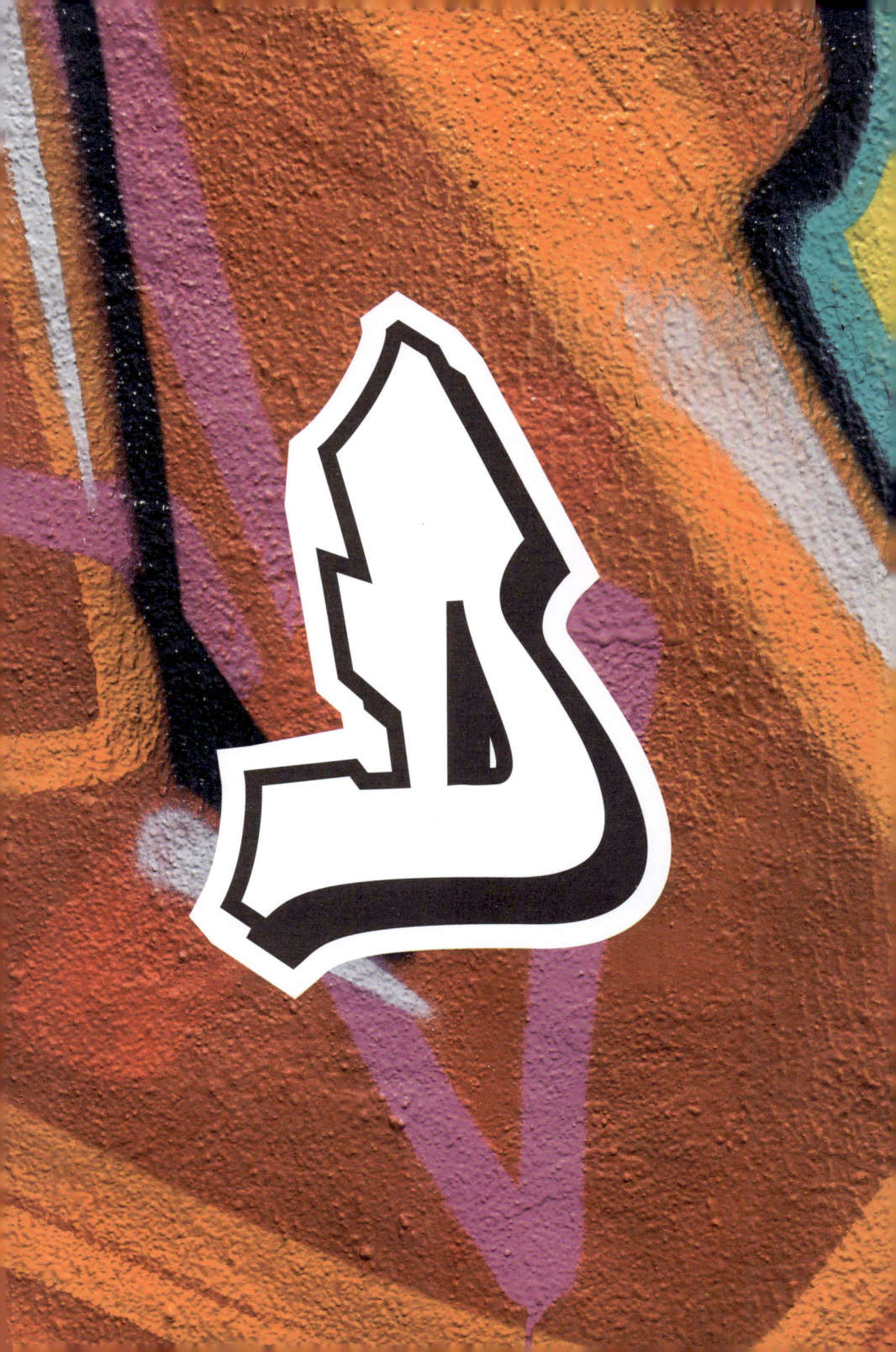

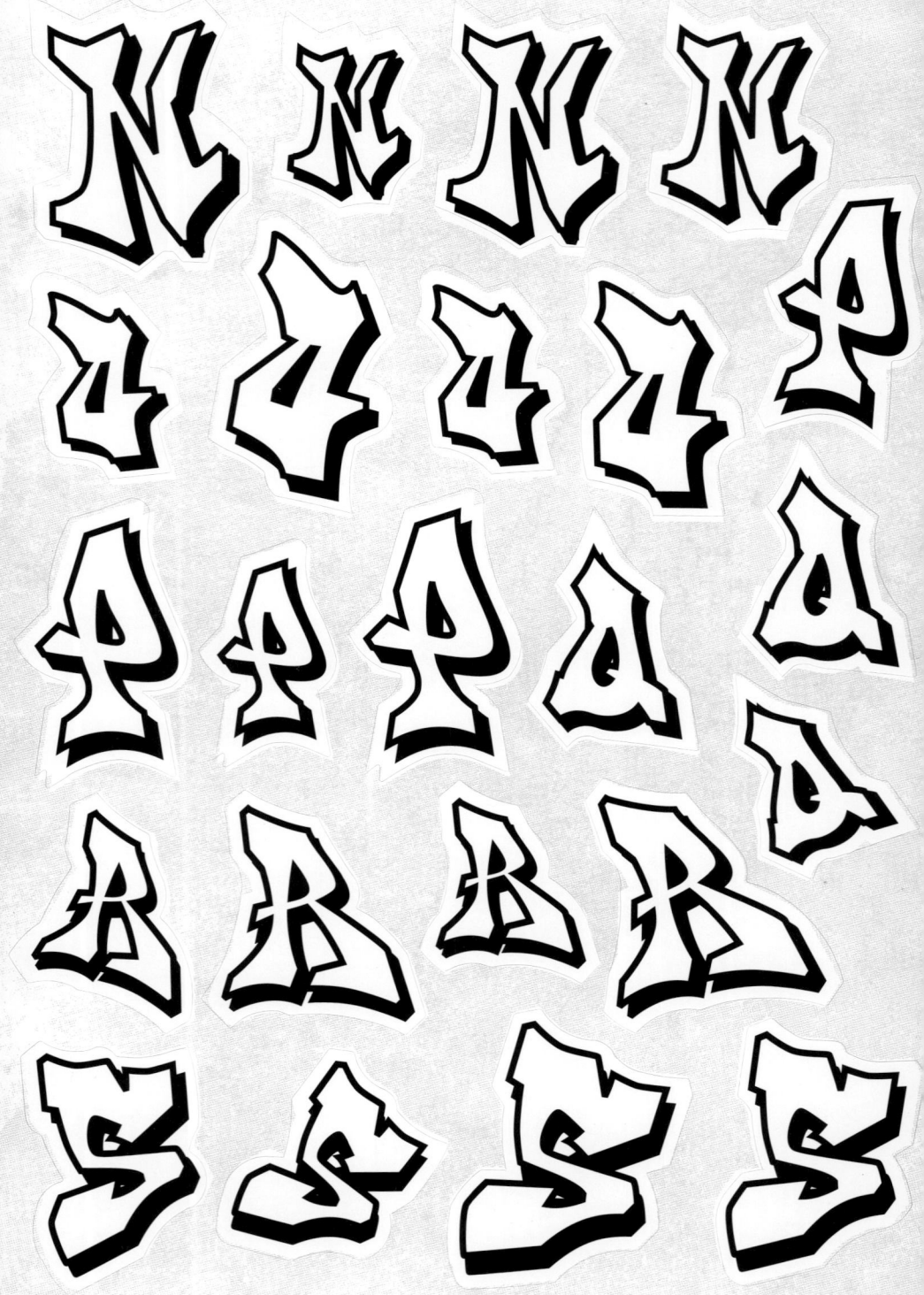

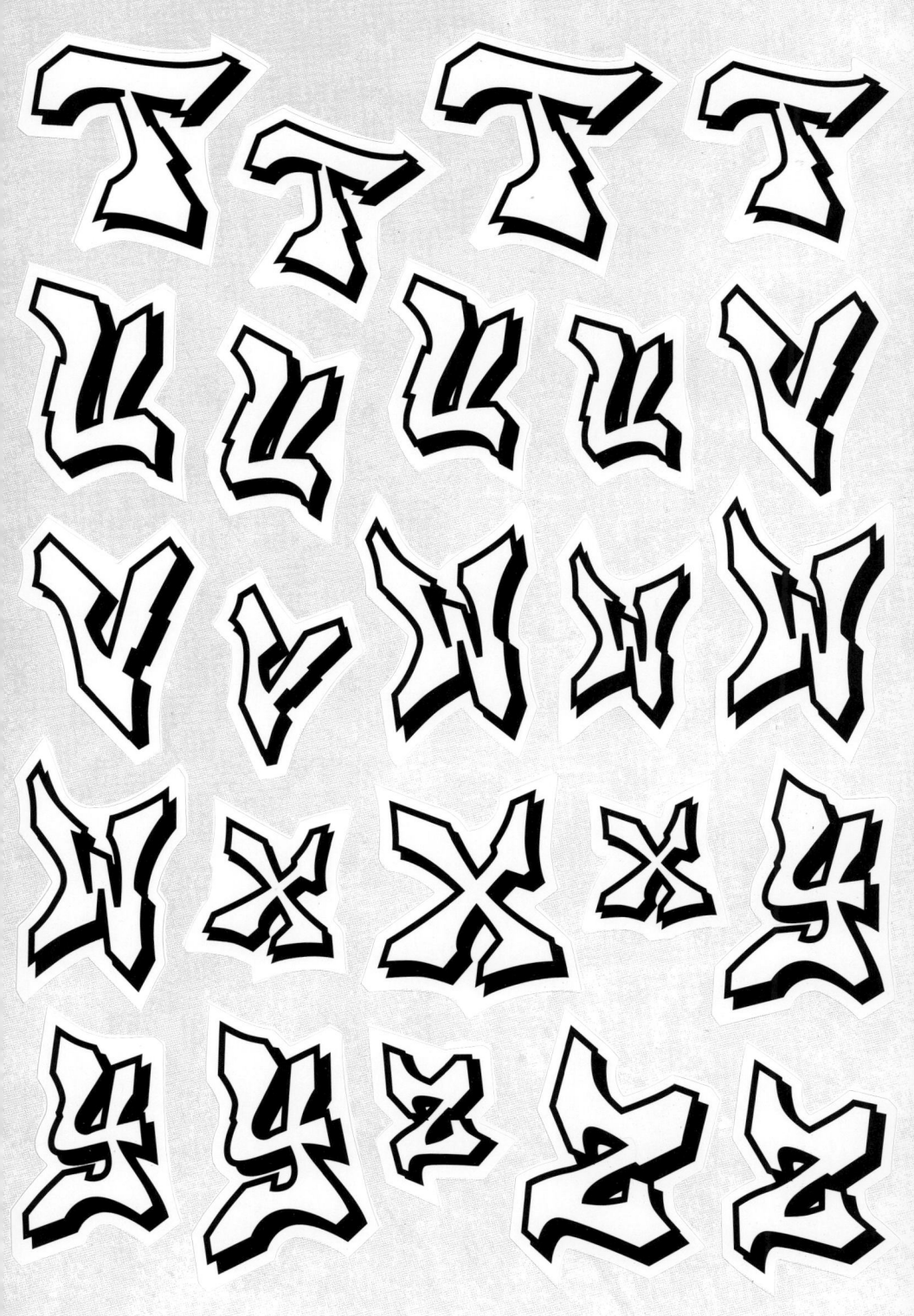

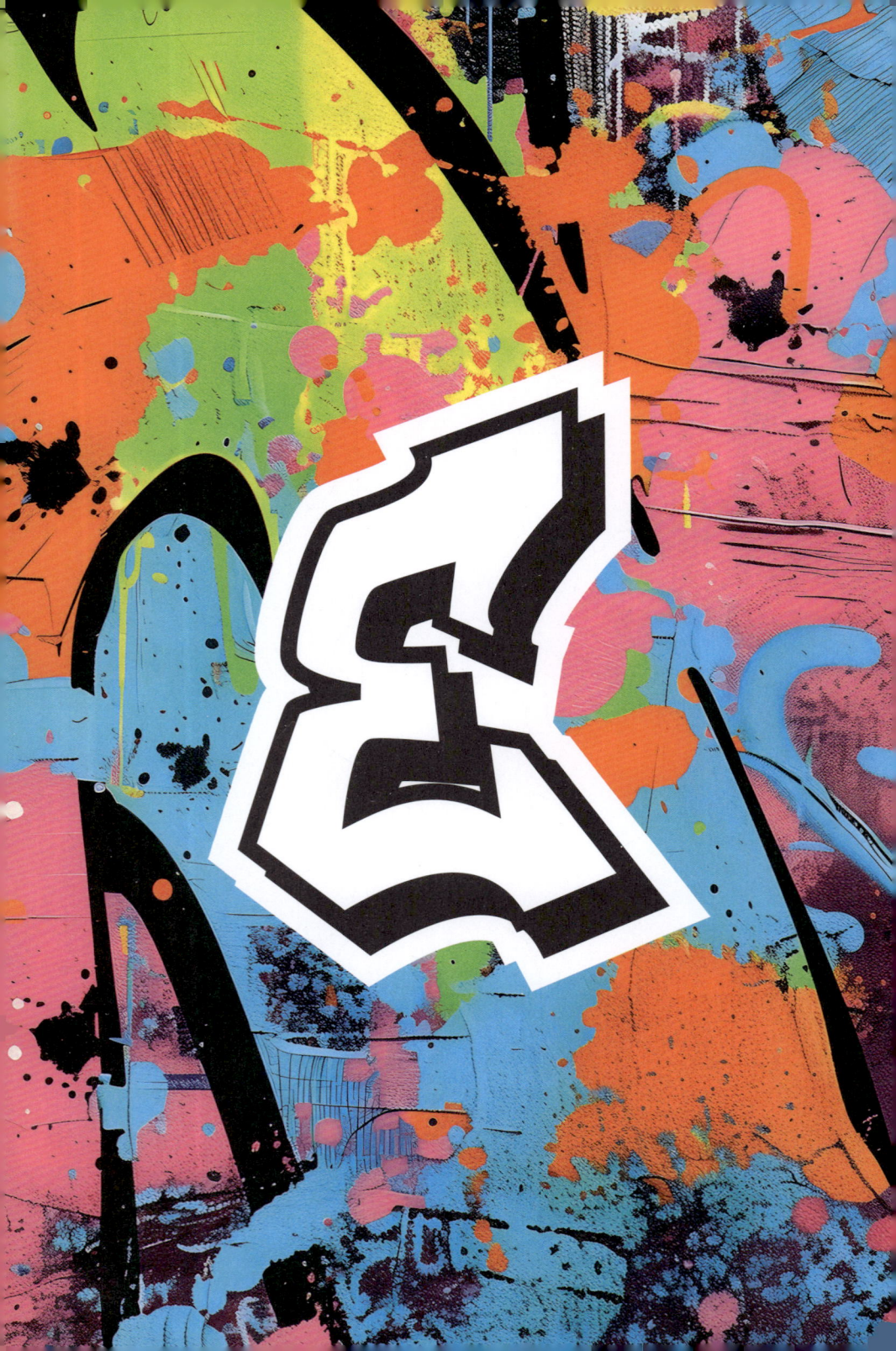

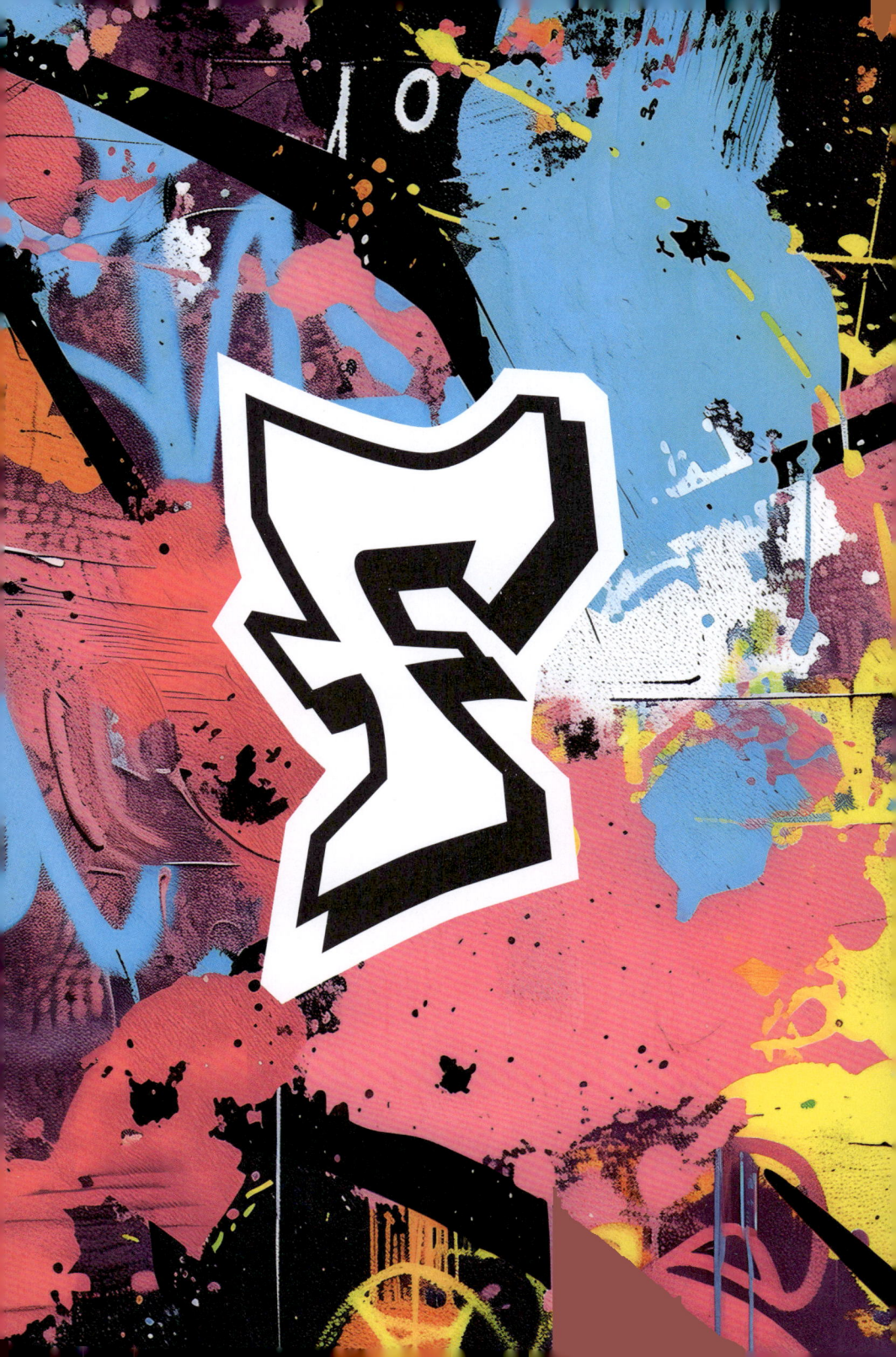

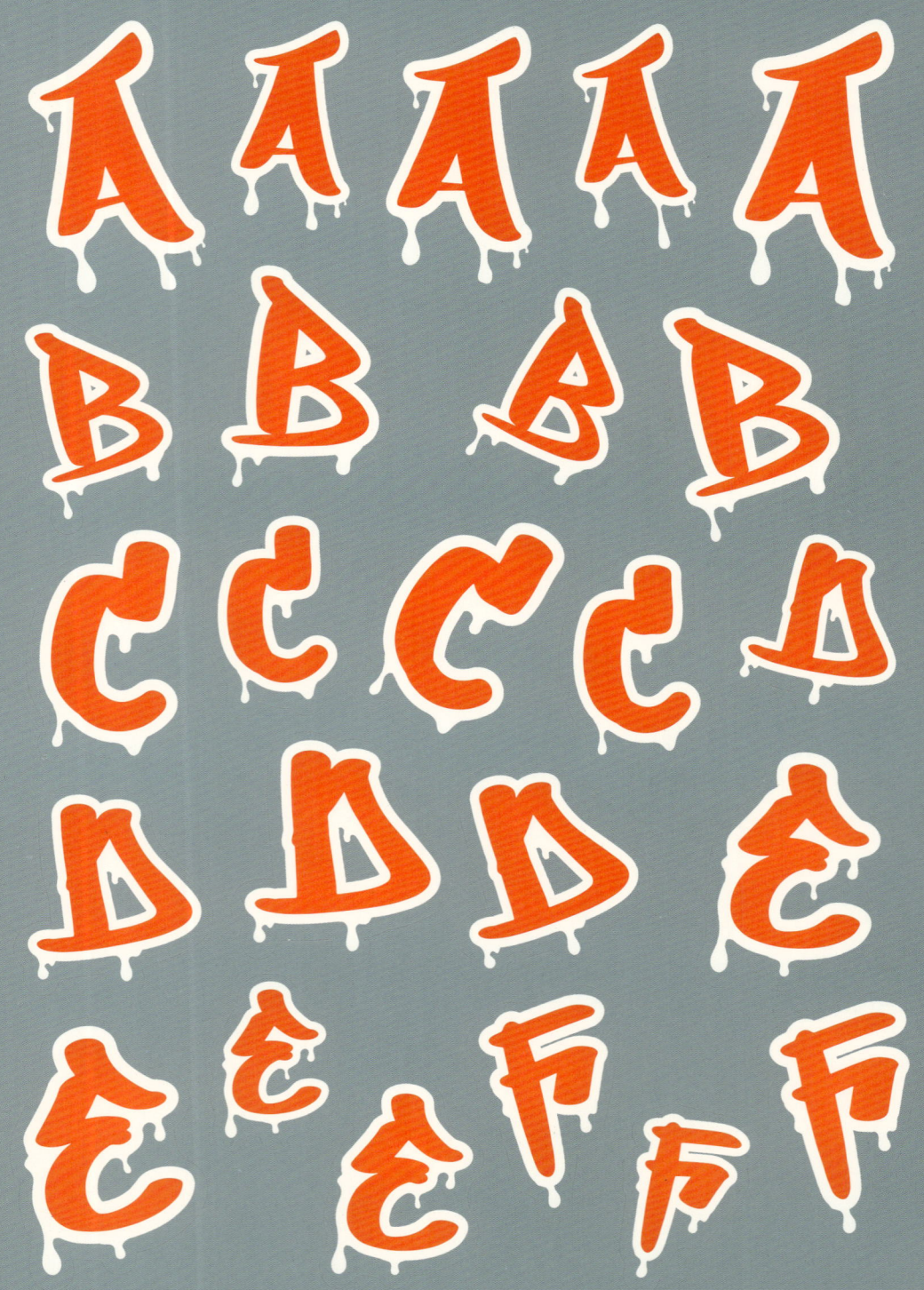

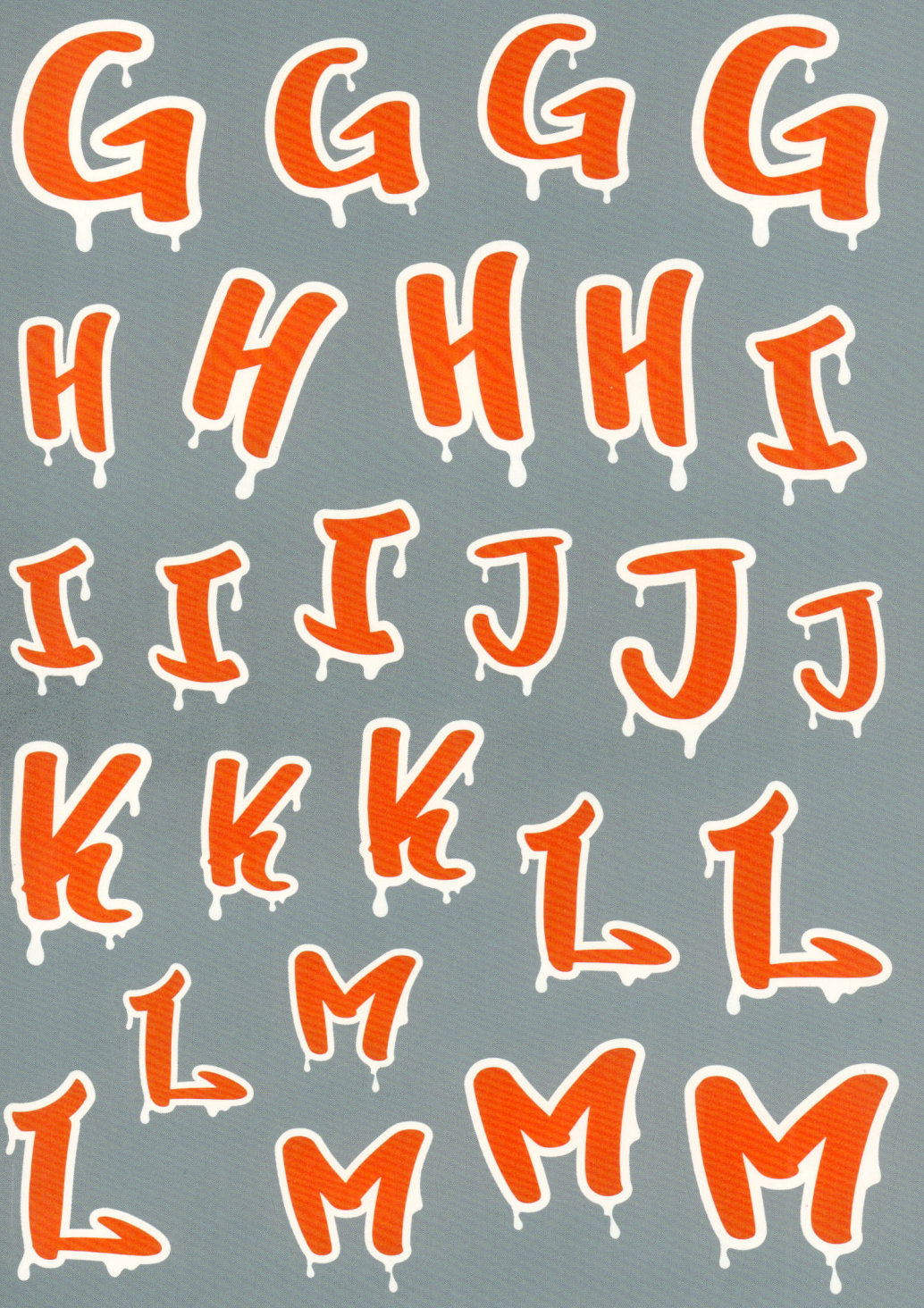

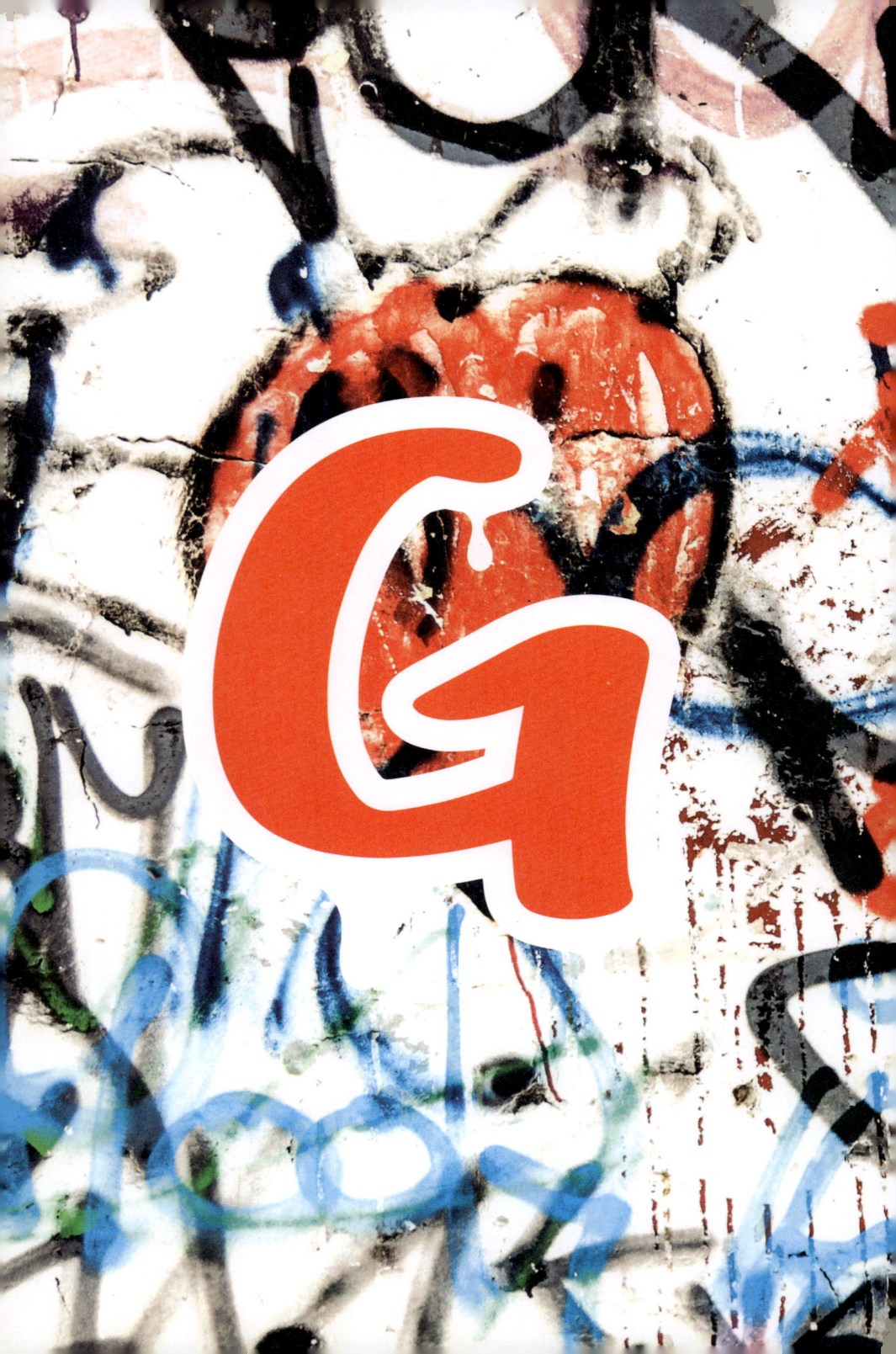

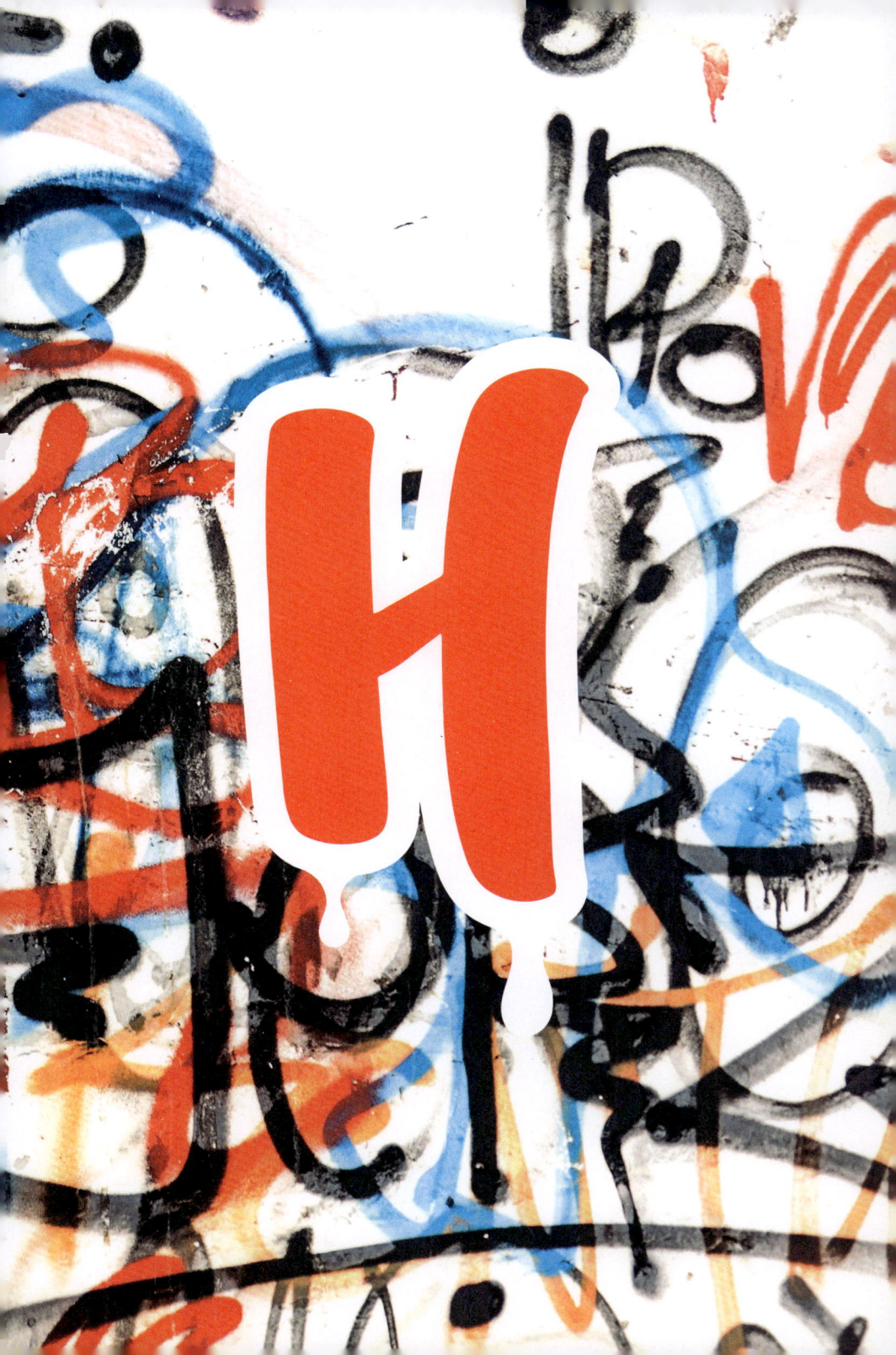

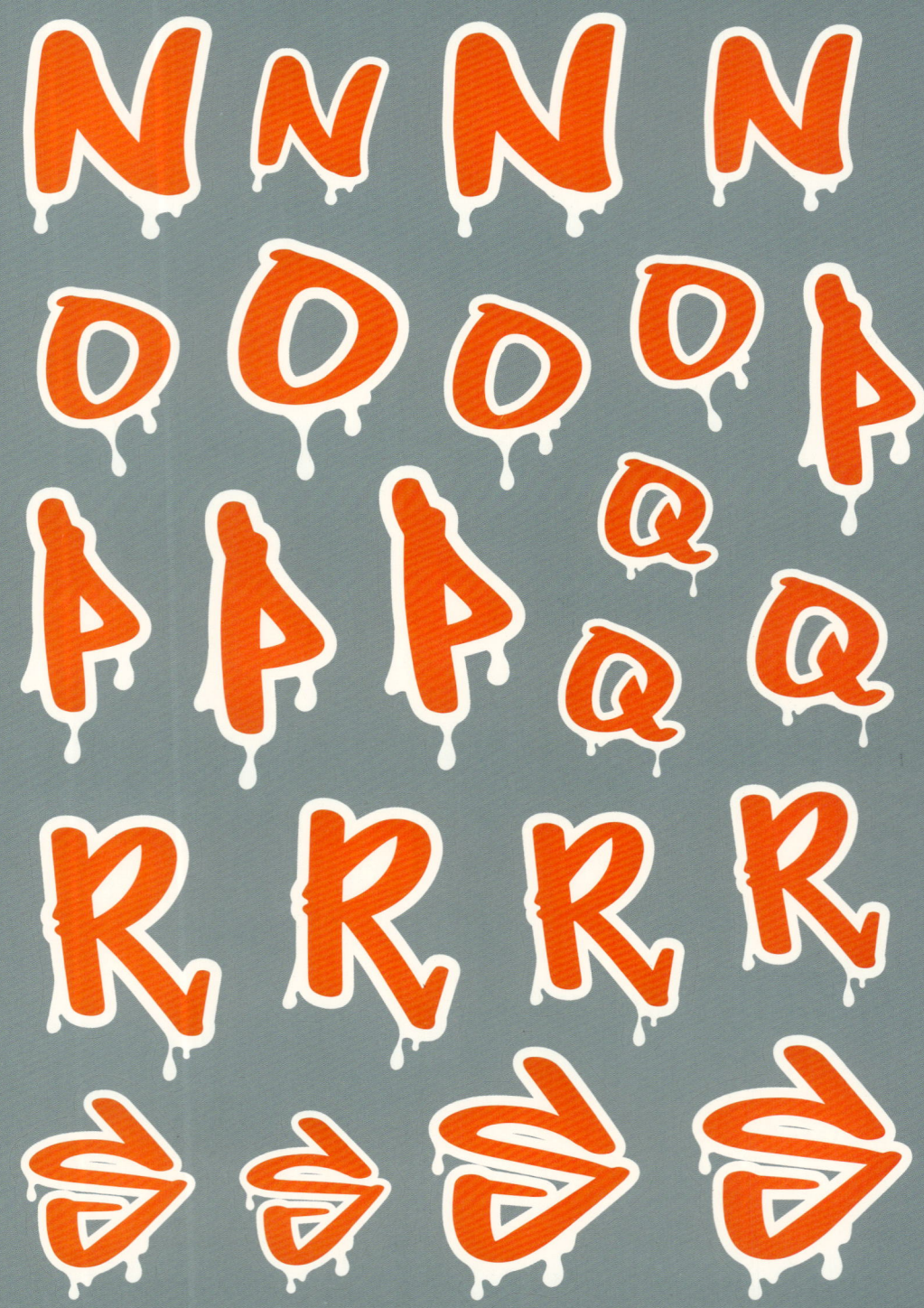

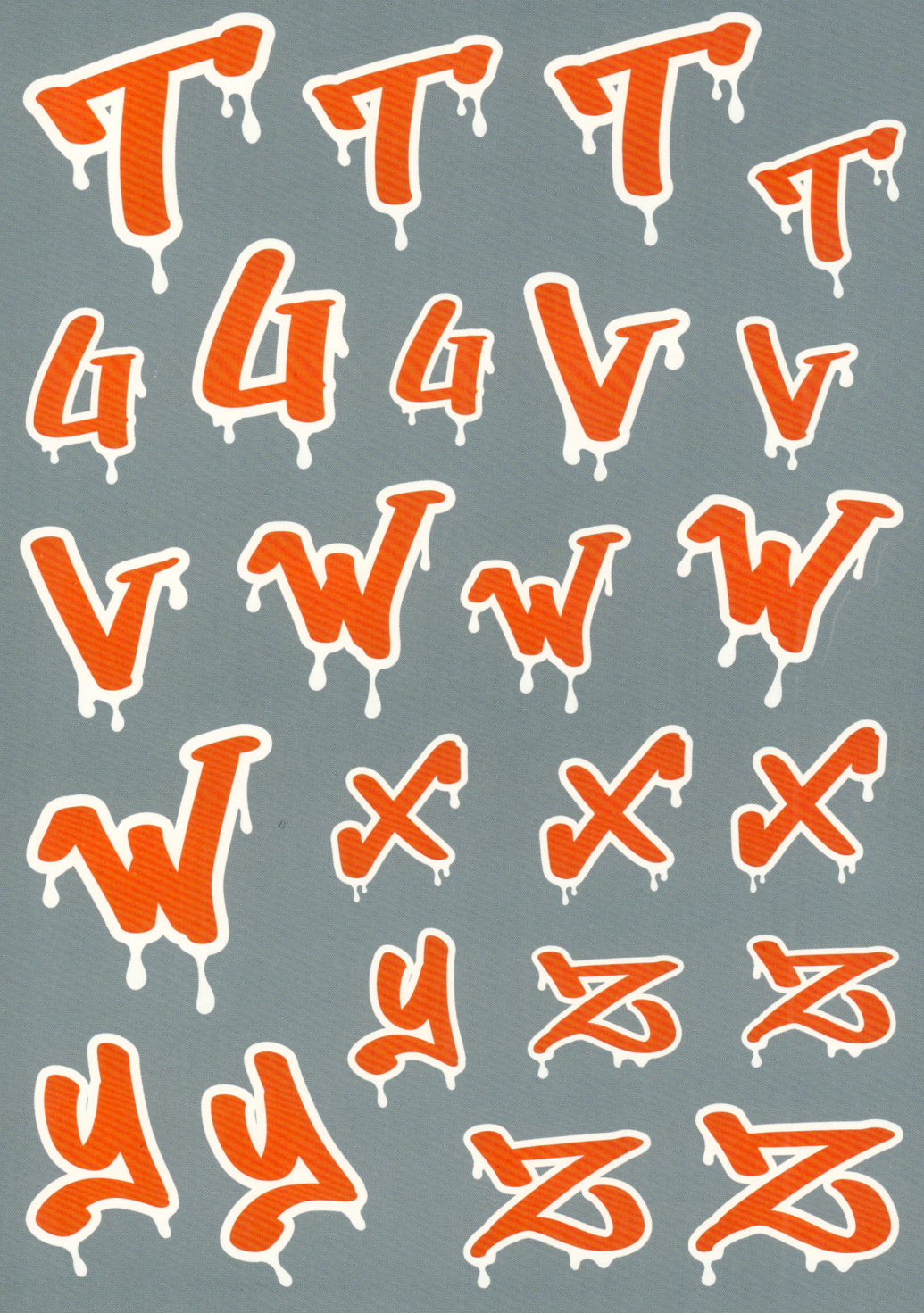

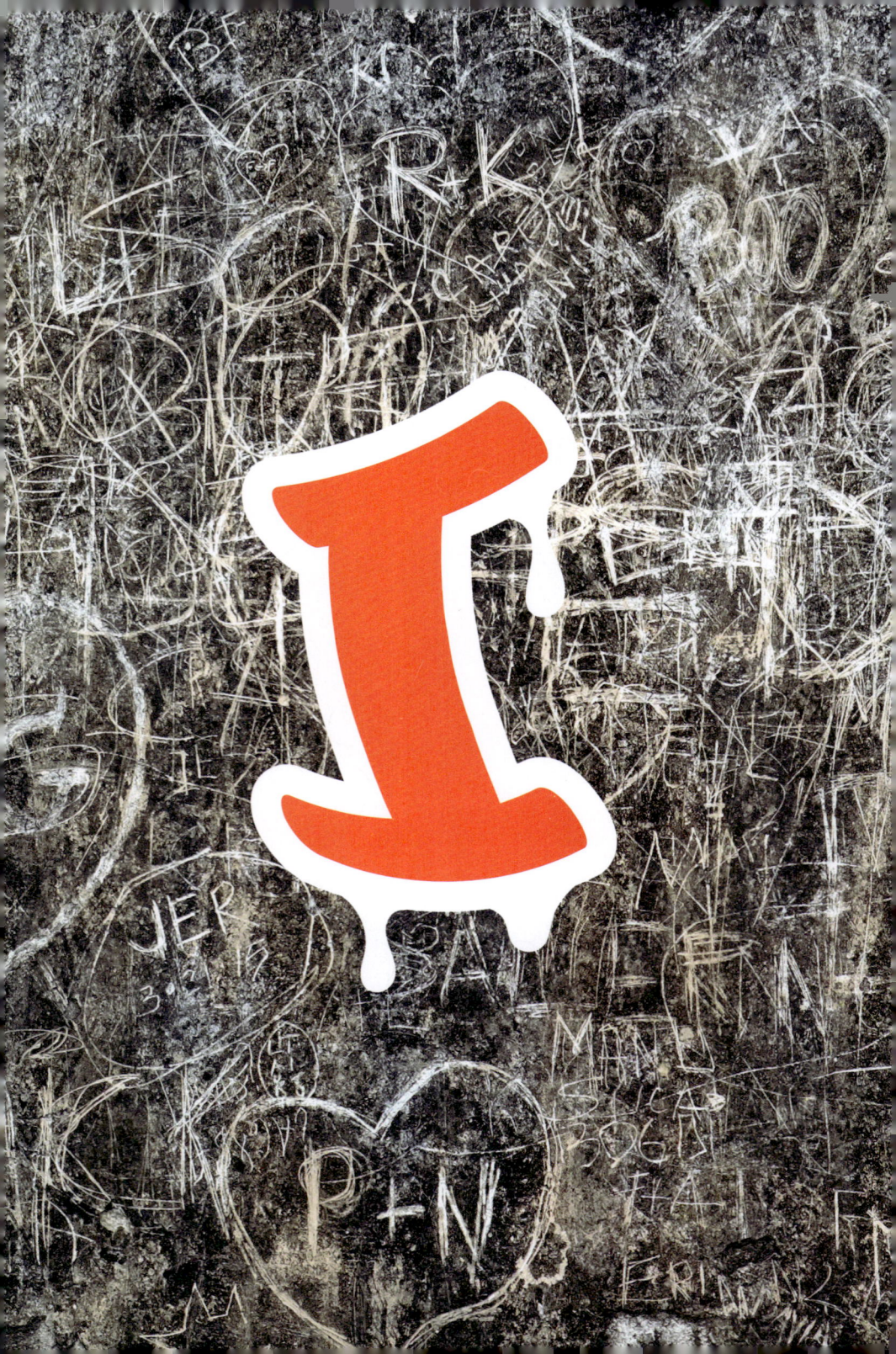

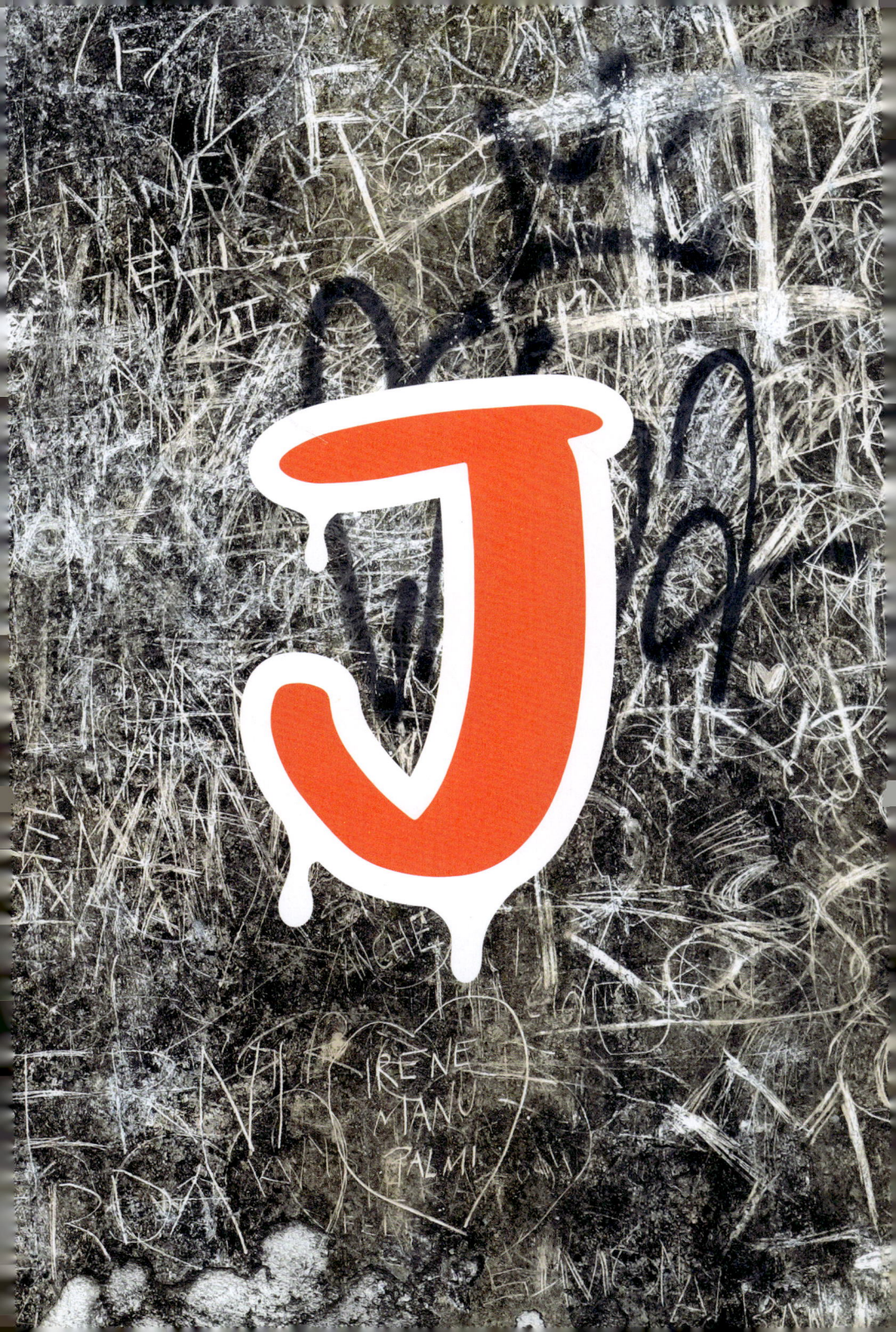

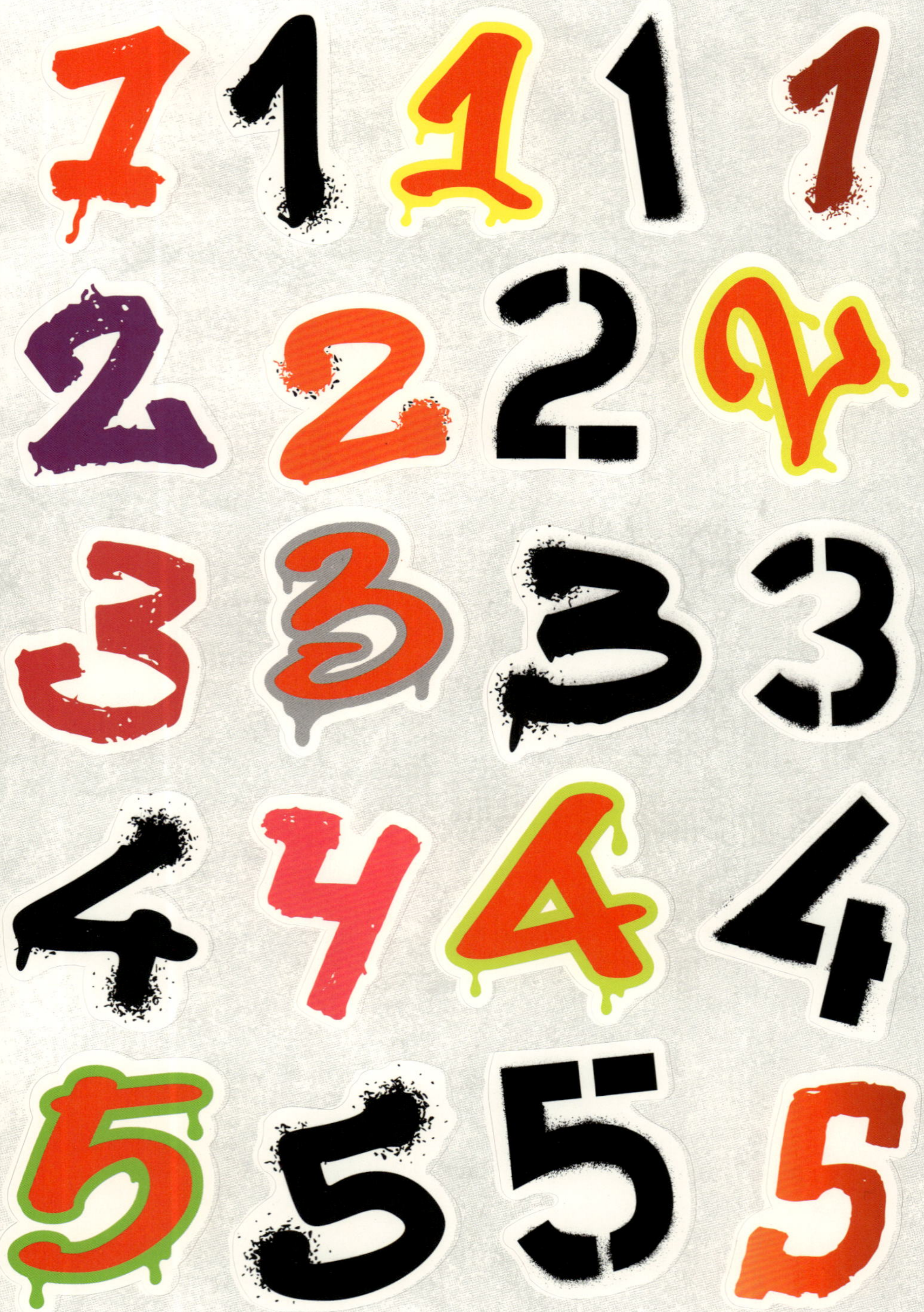
1 1 1 1 1
2 2 2 2
3 3 3 3
4 4 4 4
5 5 5 5

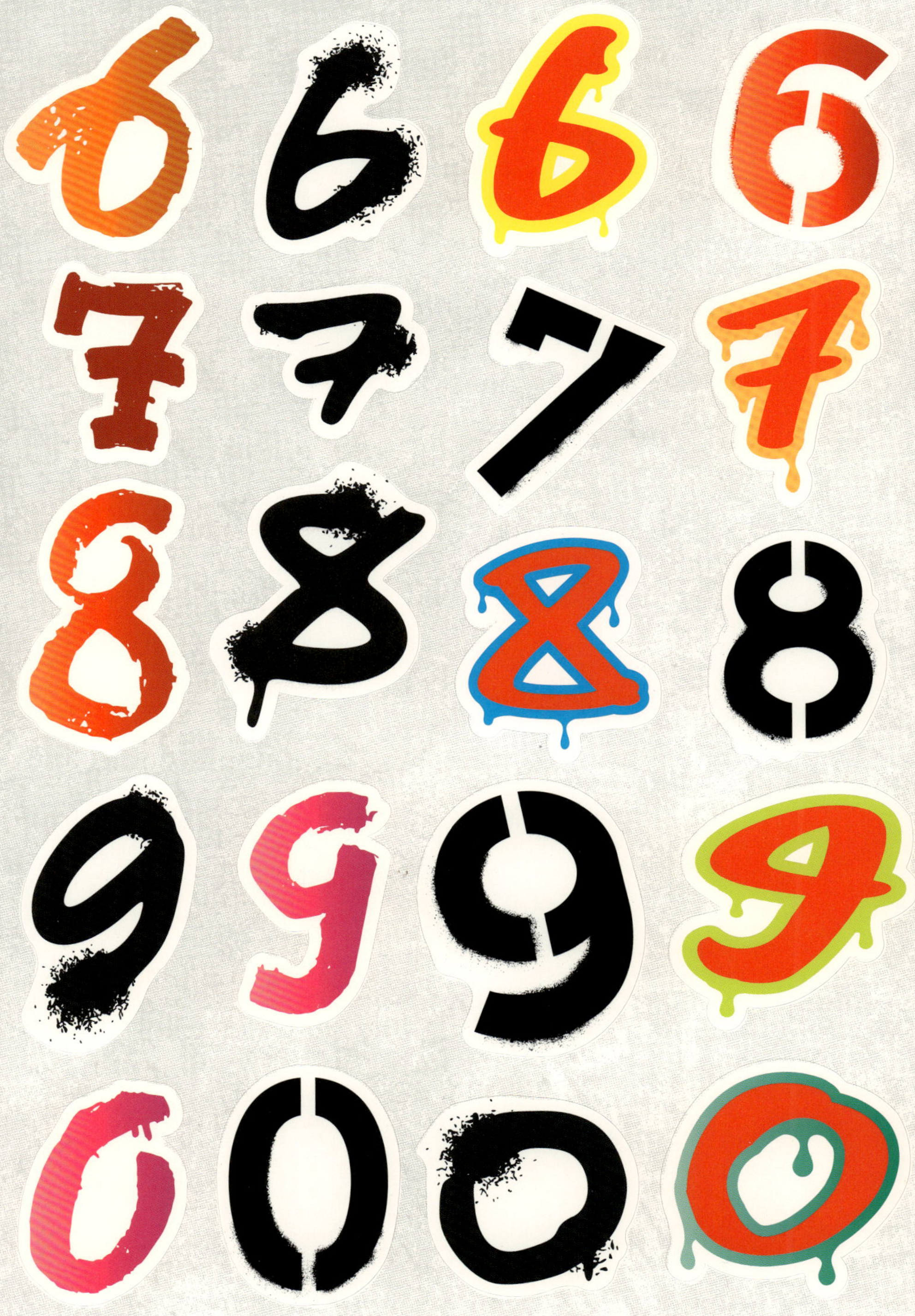
6 6 6 6
7 7 7 7
8 8 8 8
9 9 9 9
0 0 0 0

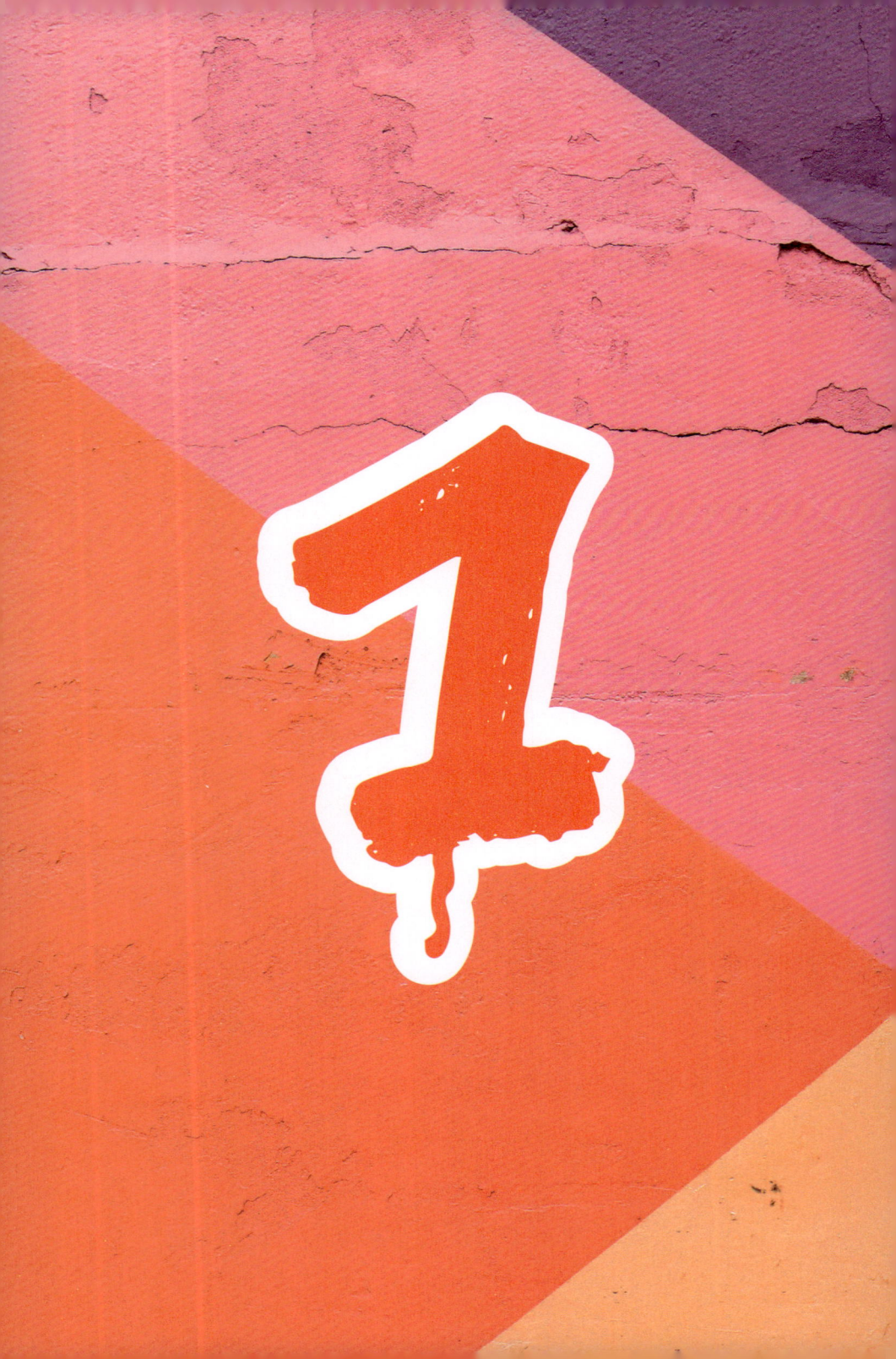

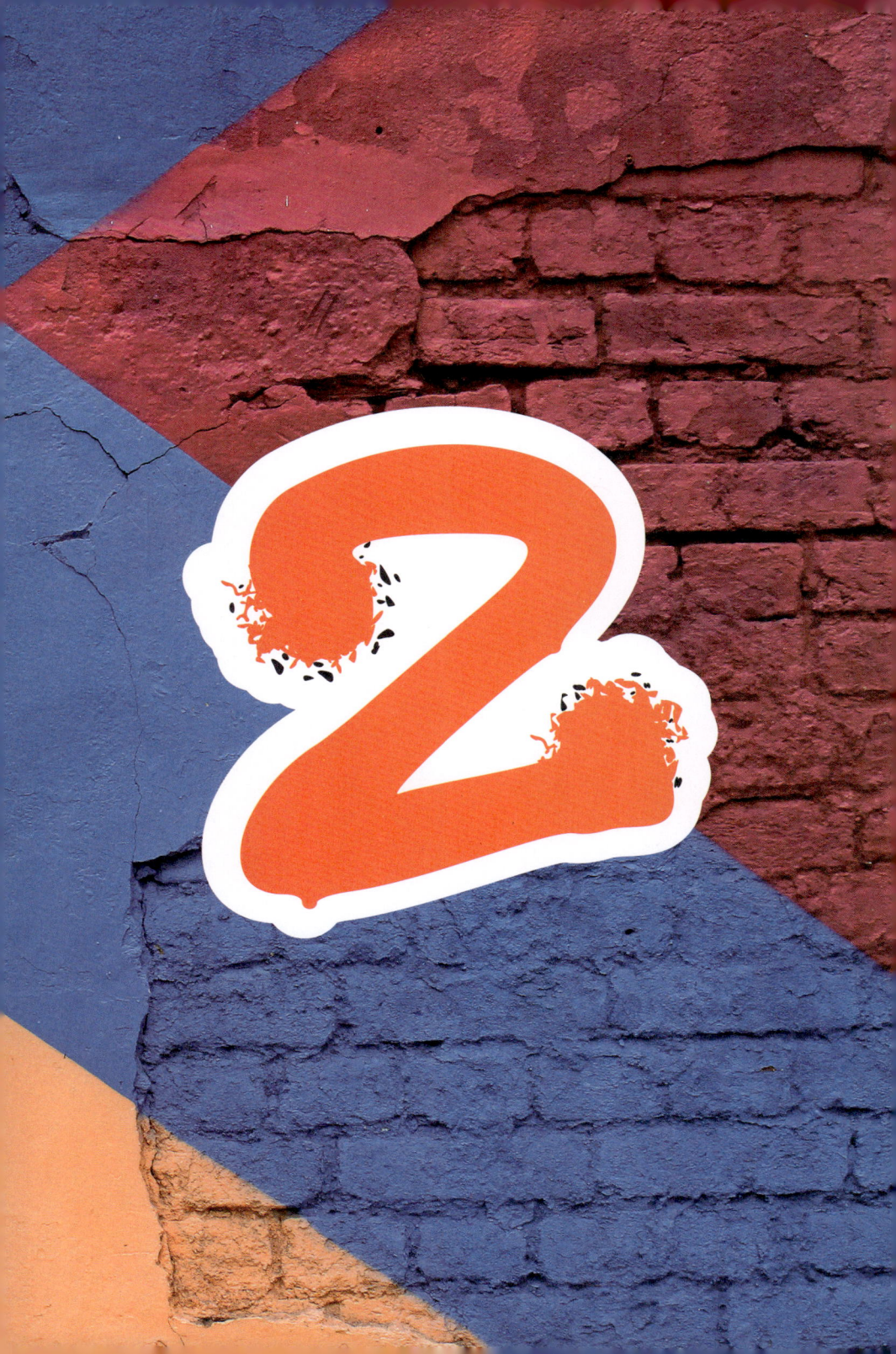

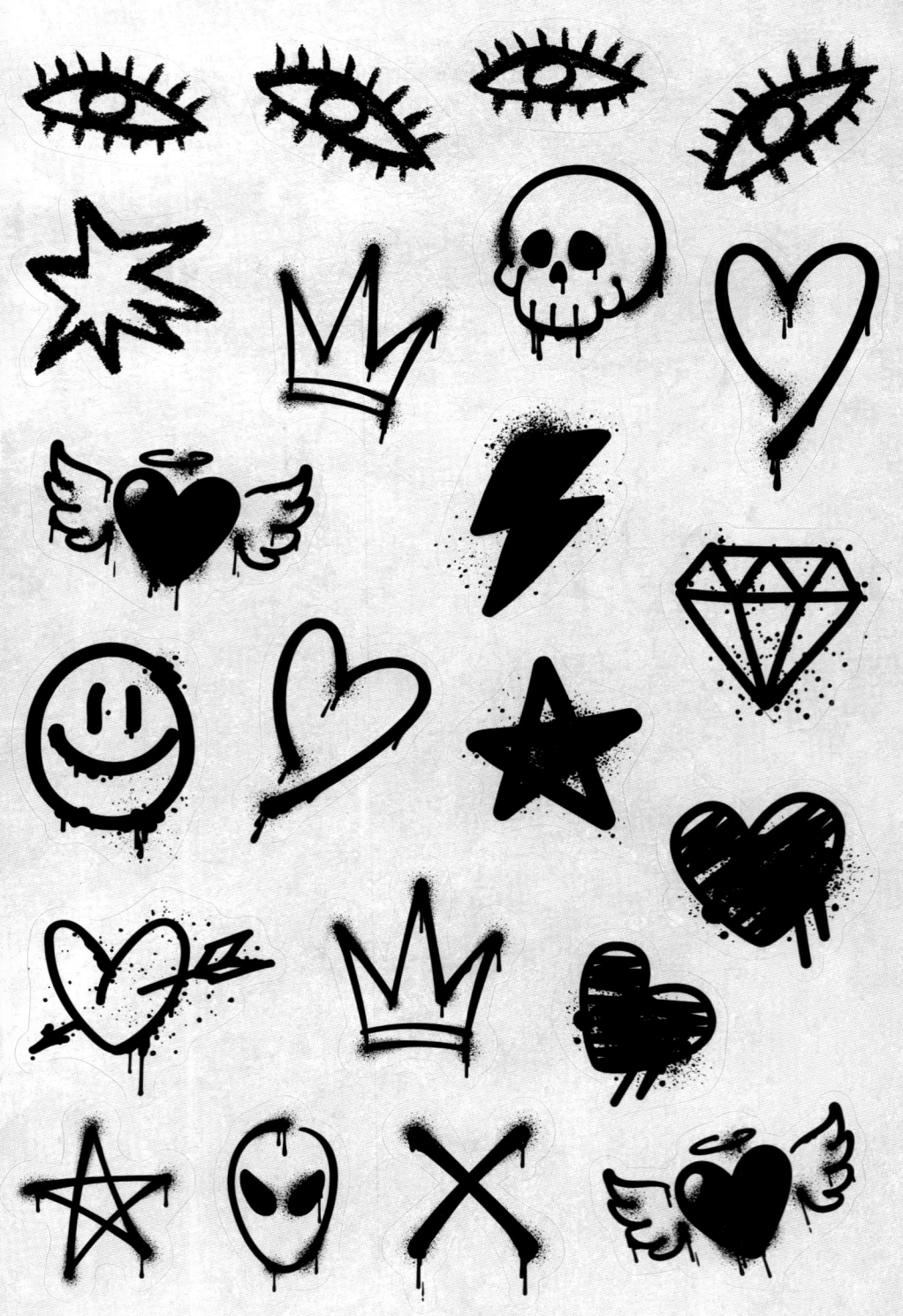

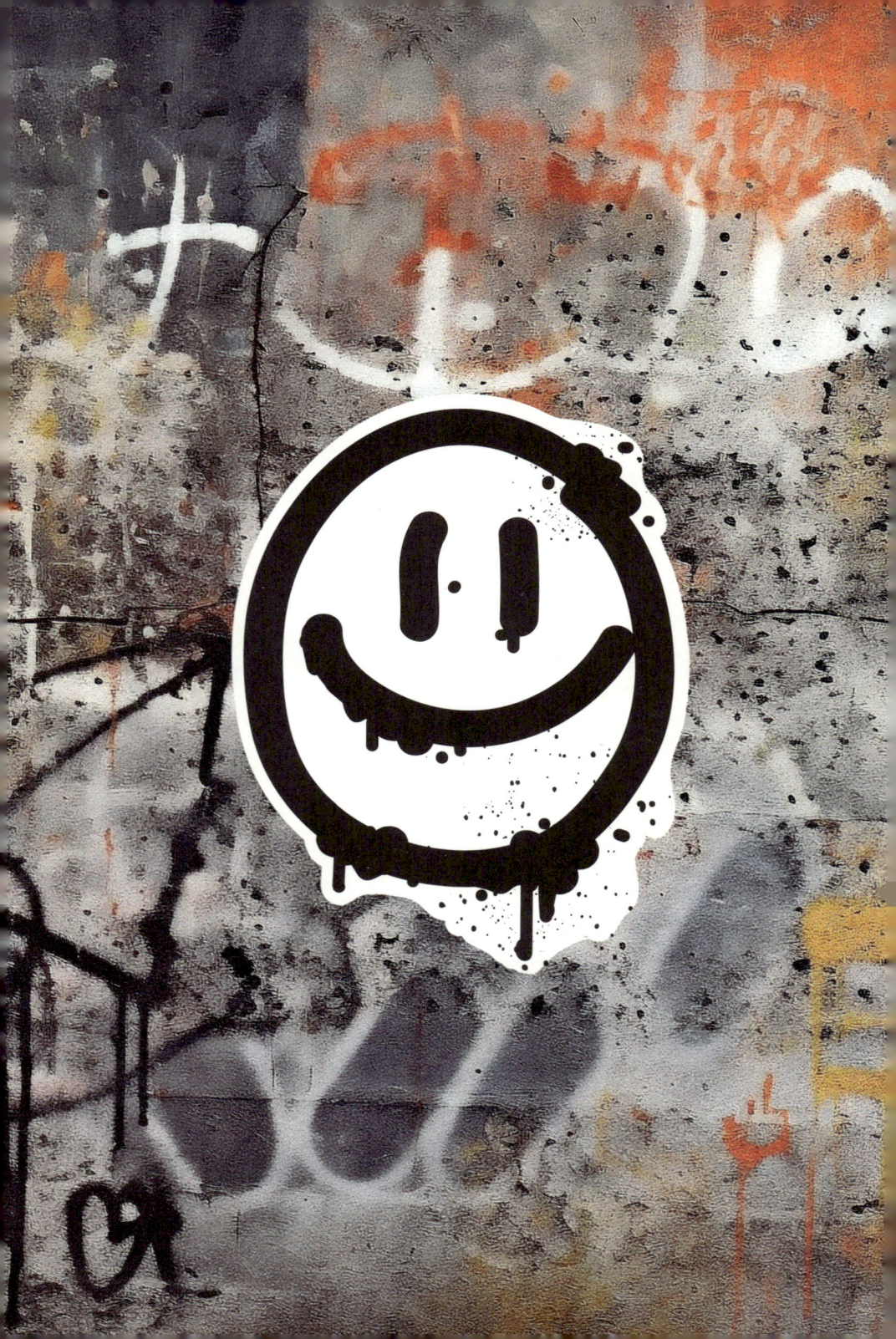

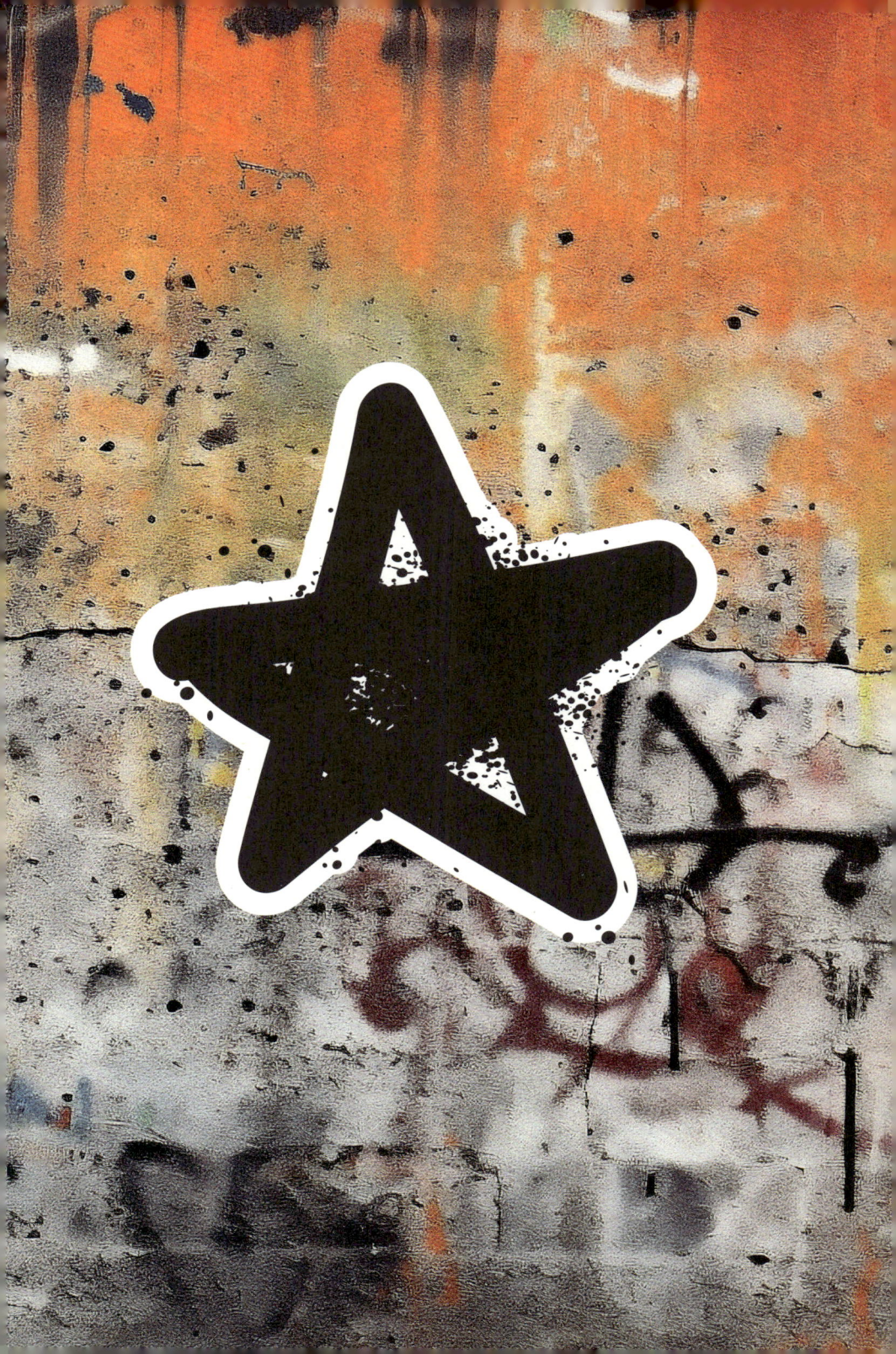

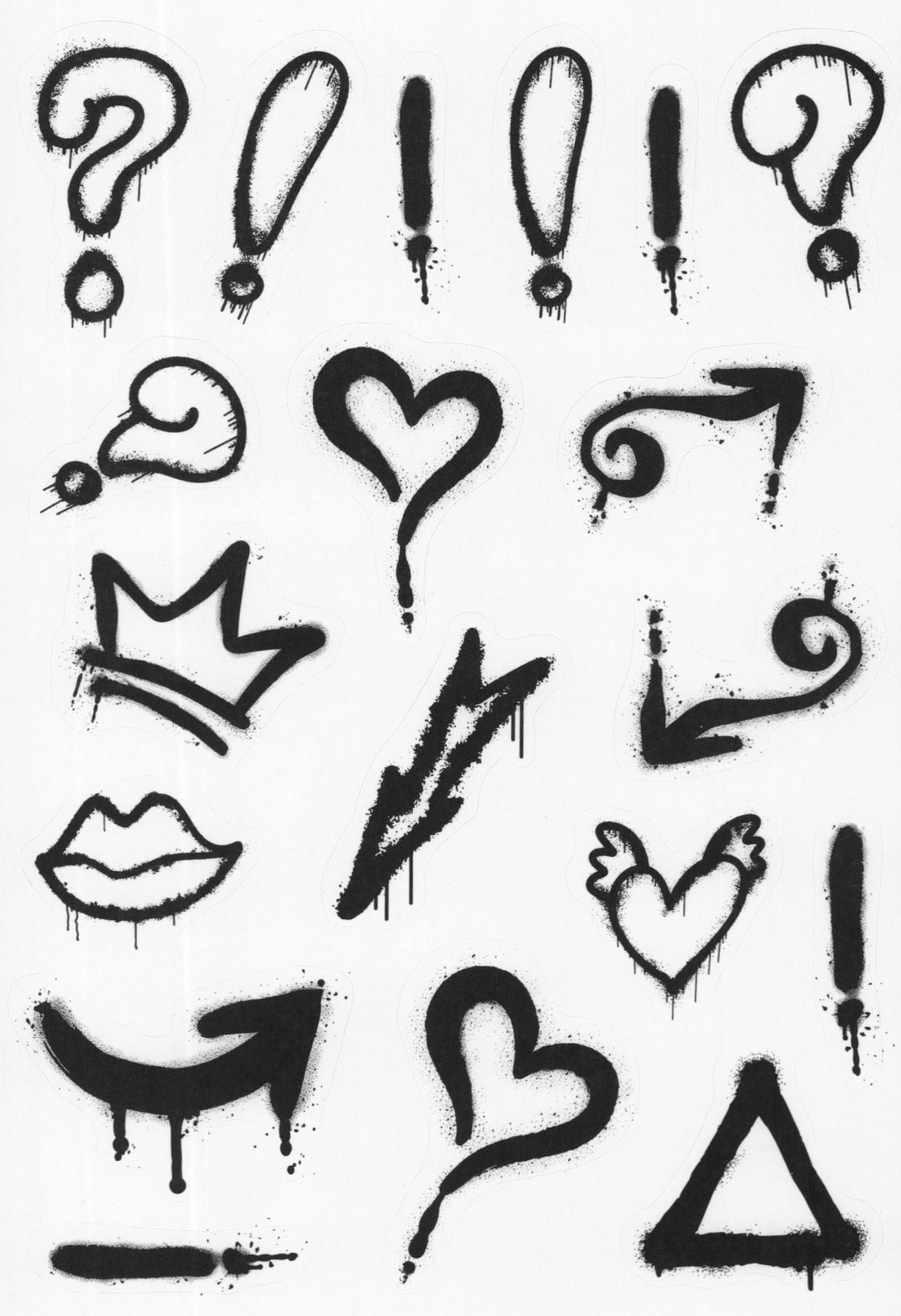

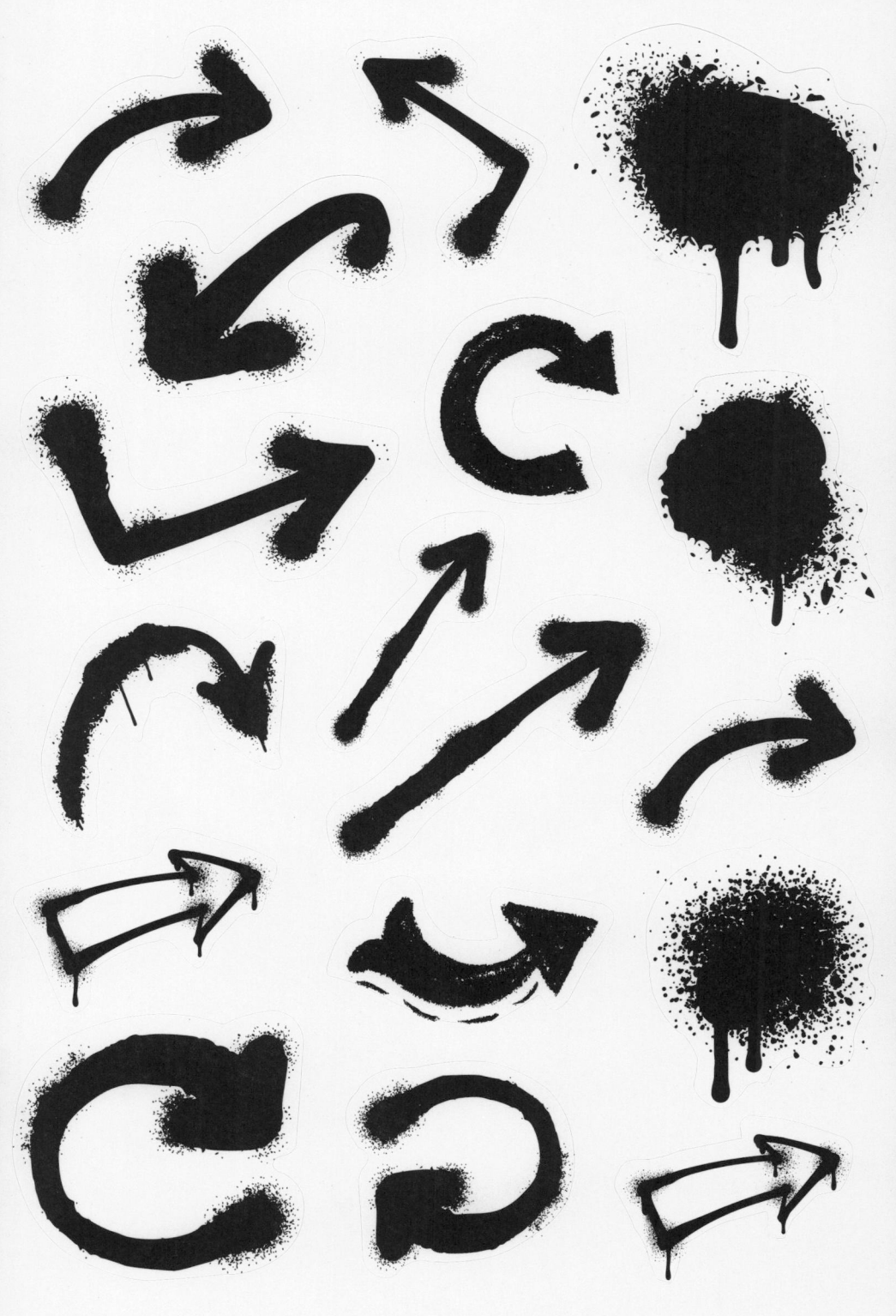

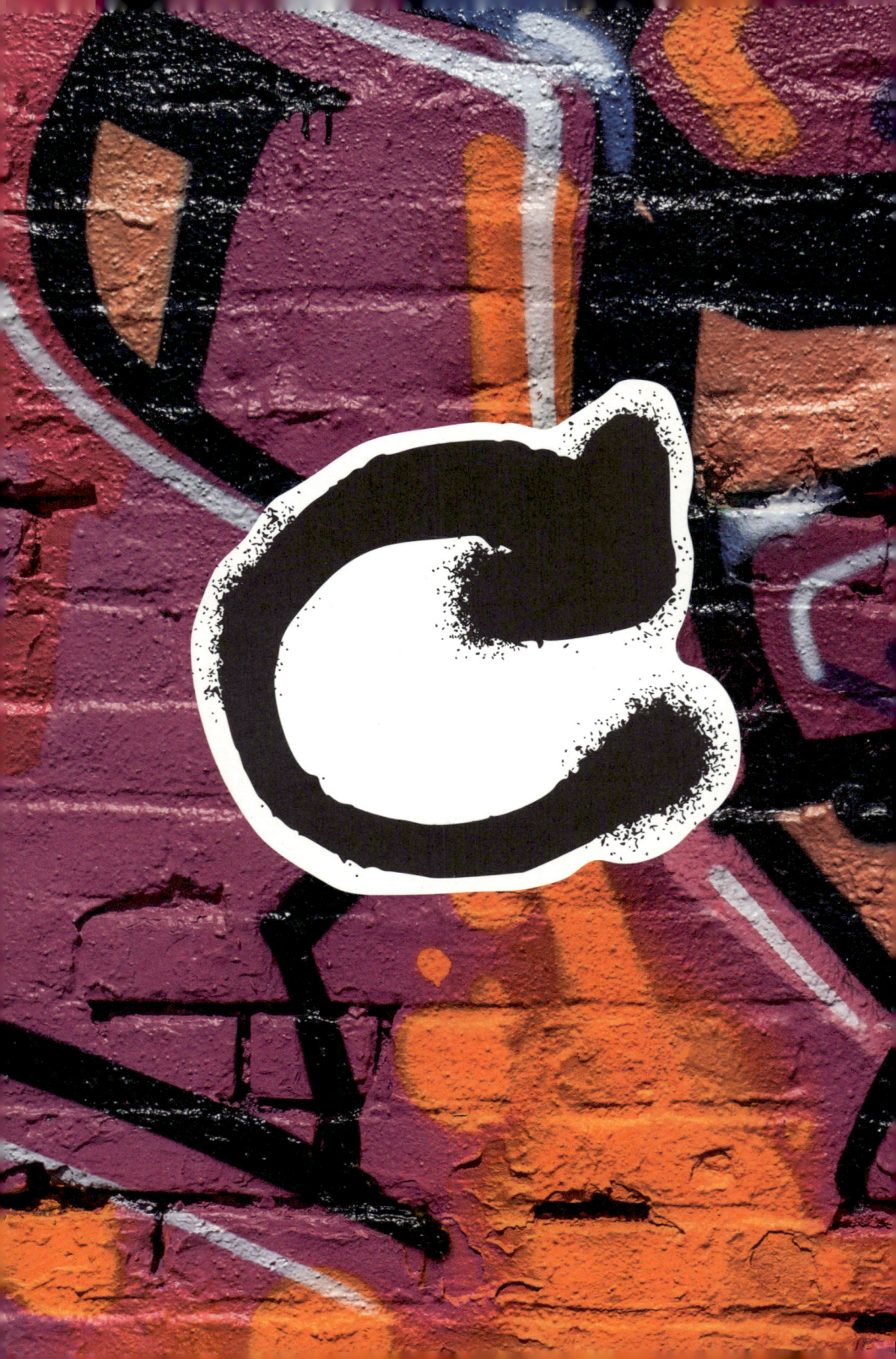

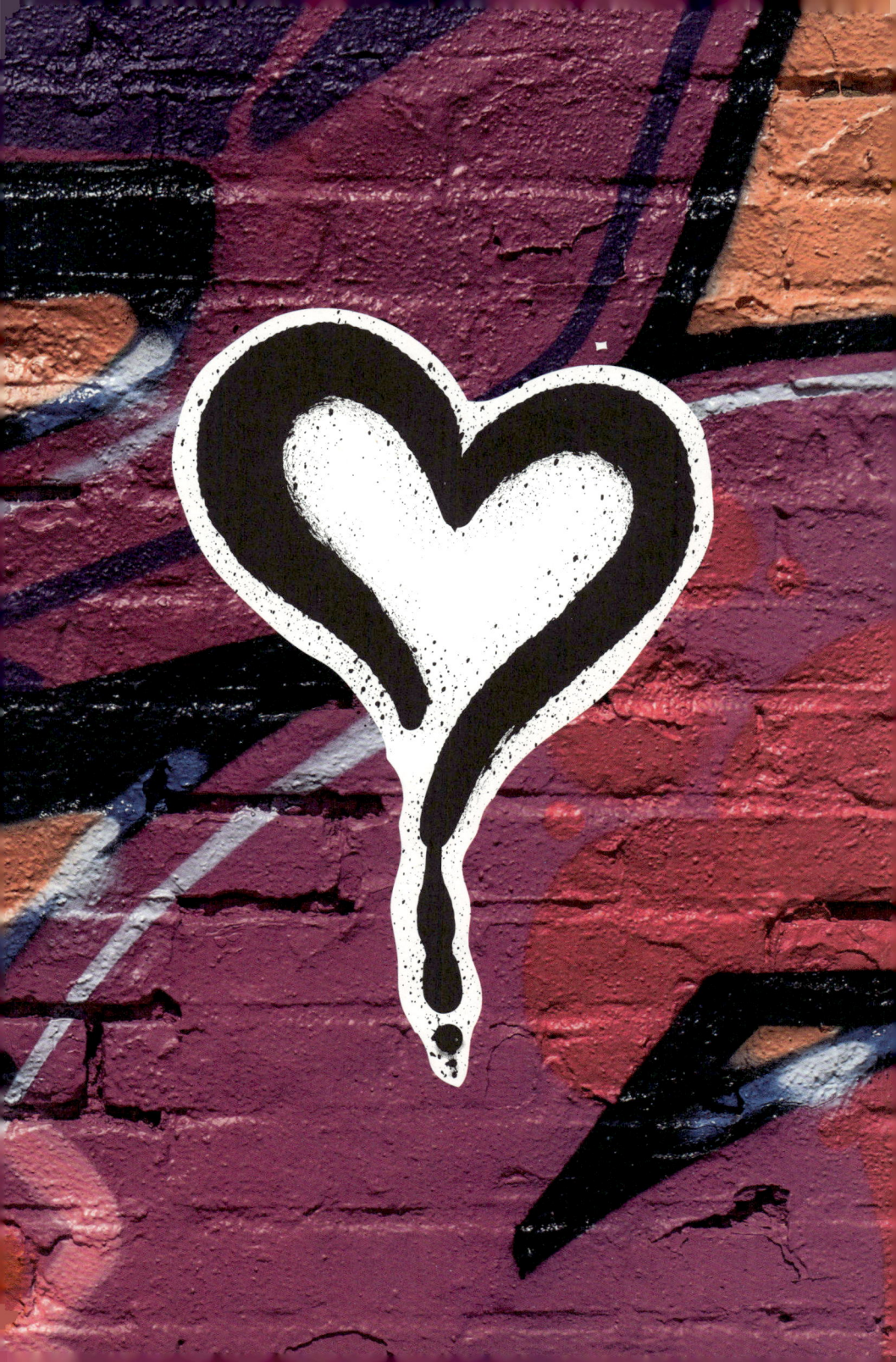

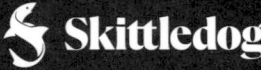

First published in the United Kingdom in 2025
by Skittledog, an imprint of Thames & Hudson Ltd,
6–24 Britannia Street, London WC1X 9JD

The Graffiti Alphabet Sticker Book © 2025
Thames & Hudson Ltd, London

Designer: Luke Herriott
Production: Felicity Awdry

Graffiti wall images: stock.adobe.com

EU Authorized Representative: Interart S.A.R.L.
19 rue Charles Auray, 93500 Pantin, Paris, France
productsafety@thameshudson.co.uk
www.interart.fr

A CIP catalogue record for this book is available from
the British Library

ISBN 978-1-83776-077-0
01

Printed and bound in China by Win Choi Printing

MIX
Paper from
responsible sources
FSC® C156231

Be the first to know about our new releases,
exclusive content and author events by visiting:

skittledog.com
thamesandhudson.com
thamesandhudsonusa.com
thamesandhudson.com.au